U0101284

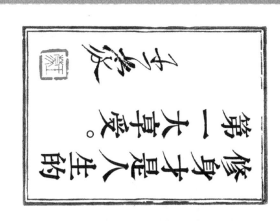

天地人生

中华传统文化十章

王蒙 著

江苏人民出版社 | 凤凰出版社

图书在版编目（CIP）数据

天地人生：中华传统文化十章 / 王蒙著. -- 南京：
江苏人民出版社, 2022.10（2023.10重印）
ISBN 978-7-214-27188-4

Ⅰ.①天… Ⅱ.①王… Ⅲ.①中华文化 Ⅳ.
①K203

中国版本图书馆CIP数据核（2022）第078715号

书　　　名	天地人生：中华传统文化十章	
著　　　者	王　蒙	
出 版 人	王保顶	
责 任 编 辑	周晓阳　强　薇	
装 帧 设 计	潇　枫	
责 任 监 制	王　娟	
出 版 发 行	江苏人民出版社　凤凰出版社	
地　　　址	南京市湖南路1号A楼，邮编：210009	
照　　　排	江苏凤凰制版有限公司	
印　　　刷	苏州市越洋印刷有限公司	
开　　　本	850毫米×1168毫米　1/32	
印　　　张	10.25　插页4	
字　　　数	178千字	
版　　　次	2022年10月第1版	
印　　　次	2023年10月第8次印刷	
标 准 书 号	ISBN 978-7-214-27188-4	
定　　　价	68.00元	

（江苏人民出版社图书凡印装错误可向承印厂调换）

目录

第六章　修身 / 165

第七章　美德 / 193

第八章　君子 / 217

文化圆满人生

人生的百样说法

人生活在地球上，一要生存，二要发展，三要繁衍，四要相互沟通、合作与竞争，构建、质疑、革新与改善社会、国家。

还有种种说法，如一要吃饭，二要建设，三要环境。一要消费，二要积累。一要物质文明，二要精神文明，两手都要有，都要硬。

人生要面对生老病死、婚丧嫁娶、兴衰通塞、红白喜事，各有各的设备、资源、手段、环境、风俗、规矩，这就是文化。如果没有文化，天不生各式的仲尼*，岁月成为不能承受之空洞、重复、折磨、漫漫长夜。

世上有两种知识：生产斗争与阶级斗争；人生有三大项社会实践：生产斗争、阶级斗争、科学实验。

人生有六合之内、六合之外，此岸与彼岸，五蕴六大十二

---

* "天不生仲尼，万古长如夜！"唐子西尝于一邮亭梁间见此语。

《朱子语类》卷第九十三

处十八界*：色受想行识、地水火风空识、眼耳鼻舌身意、色声香味触法，非色非心。

哲学要认识世界，更要改造世界。

自在与自为，唯物与唯心，绝对与相对，理念与实践。

人要改造世界，还要改造自己，在改造世界的过程中改造自己。

人需要衣食住行，需要柴米油盐酱醋茶，需要《诗》《书》《礼》《易》《乐》《春秋》，需要琴棋书画，需要天时地利

---

* 六合：有若干种说法。作为阴阳家术语，以月份的地支与日辰的地支相合为吉日，即子与丑合，寅与亥合，卯与戌合，辰与酉合，巳与申合，午与未合，总称六合。又指一年的十二月中，各有两月在季节变化上有相对应的特点，共六合。

五蕴：佛教术语。佛教认为身心是由色、受、想、行、识五种现象假合而成的。蕴，是类聚的意思。

六大：佛教术语。包括地大、水大、火大、风大、空大、识大，佛教以此六者为构成众生世界的六种要素，故称为"大"。

十二处：佛教术语。指眼、耳、鼻、舌、身、意六根与色、声、香、味、触、法六尘。意思是根和尘相互涉入，就产生知觉，如眼根与色尘涉入而产生眼识。

十八界：佛教术语。佛教以人的认识为中心，对世界一切现象所做的分类，包括能发生认识功能的六根（眼界、耳界、鼻界、舌界、身界、意界），作为认识对象的六境（色界、声界、香界、味界、触界、法界）和由此生起的六识（眼识界、耳识界、鼻识界、舌识界、身识界、意识界）。也有说指人的一身即包罗十八界。

人和，需要科学与理性、格物与致知。需要仁义礼智信，需要学习读书、接受教化，需要声光电化、数学、医学、文史哲。需要留取丹心照汗青。*需要立德立功立言，乃至万古流芳，成为圣贤伟人巨人、英雄烈士。需要竞争或躲避竞争。需要和而不同，需要人权人性人文。

还有必须承认与面对的：食色性也。

我们常说文艺来自生活，生活是文艺的源泉，不能脱离生活。同样，各种伟大的科学、人文宏论、发现、发明、经典、文献、信仰……一句话，文化来自生活。人生是文化之源。

于是有语言和文字，有记载和传承，有食文化，婚姻情色家庭家族文化，还有渔猎、游牧、农耕文化，工商、科技、金融文化，产业文化，水文水利文化……需要认知与信仰，需要天文地理历史地质矿物学问，需要神学或无神论，需要政治、经济、社会、公共管理、医药治疗手段与学问，一直到文学艺术、体育游戏、百技文化。需要世界观、人生观、价值观。

---

*　《过零丁洋》
（宋）文天祥
辛苦遭逢起一经，干戈寥落四周星。
山河破碎风飘絮，身世浮沉雨打萍。
惶恐滩头说惶恐，零丁洋里叹零丁。
人生自古谁无死？留取丹心照汗青。

人生产生文化

什么是文化？文化就是人化，就是与人相关、为人需要的一切的一切。马克思喜欢用的一个说法是：人的本质化。文化使自然出现人的本质化，自然是文化的基础，文化是自然的人化、意义化、美好化、情义化、智慧化，人是从自然到生活到文化，从文化再影响与改变着自然，是贡献，是牺牲。是万物之灵，是自然的毒瘤？是自然的杰作。

文化是人类出现在地球上以后，所创造、积淀、发展、改变了的一切精神与物质成果。文化就是我们的生活，尤其是生活的精神追求与需要。精神结构、精神内涵、精神能力、精神的规范格式、智慧技巧、经验记忆，是人的精神的资源与积累。

生活，既有人类命运的共同性、时代性，更有其族群性、国家性、地域性、多元性，以及同中有异、异中有同、多彩多姿，相互不无龃龉、接受、包容与互通、互学、互赏、互动、互相影响的个体性。文化是社会组织、国家组织、国际体系、治理体制、群众集聚的内涵与架构。文化就是人的灵魂，就是人的精神走向与感悟，人的安身立命的依托，人的自我拷问与质询，就是出自生命与生活的本能、欲望、需求的一切思想、言语、符号与行为的凝聚与升华、碰撞与融合、积累与创造。
文化是生活的优化、美化、善化，是对于虚伪、丑恶、死亡、
病痛、犯罪、灾异……这一切对于生活的挑战与毁坏的回应，
是胜者或难以取胜者的光明或悲情姿态。

文化是生命与生活的永远的纪念碑。

文化传统，就是此前的、可能是历史长久的生活史，生活
经验积累史，成败通塞史。传统文化、文化传统，就是此前的
生活，包括政治生活、国家生活、国际生活、社会生活、家族
生活、个人生活、职业与专业生活、健康正常的与病态狂躁的、
真实的与梦幻的记录、回顾、考察、分析与查证。

文化的有效性

文化的产生在于它与人类需求的对应性、同质性。文化的
活力在于它的有效性。有效性是指接受了、皈依了、习得了，
并且发展了某种文化的人群，受此文化的熏陶与推动，利用此
种文化的观念、智慧、路径与经验、方式、技巧、窍门，从而

发展了生产力、调整改善了生产关系、取得了精神的烛照与丰富充实，解答了一些课题，回应了一些挑战，渐渐突破了一些困境，因之获得了更好的生活质量。

文化的有效性，还指此种文化的凝聚力与吸引力，有利于和谐太平、族群兴旺发达，有利于与异文化族群的交流、沟通、相处；使人们走向善良而不是凶恶，走向联合而不是撕裂，走向幸福而不是祸患与灾难。虽然历史上屡屡出现极端、分裂、恐怖、毁灭、压迫、折磨、愚昧、迷信的侵略、杀人、自杀、自毁的破坏性文化病毒，但总体上说，人类会选择本质化的文化，抵制与淘汰恶性、毁灭性、病毒性文化。

有效性，还指此种文化的活性，即自我调整、发展、变化、更新、适应、应对的能力，而不是作茧自缚，使文化追求变成荼毒、羁绊自身的条条框框，变成发展与进步的绊脚石，变成杀人的名教。

有效性又是指文化的抗逆性、免疫力、自我保护能力与适应发展与变局的能力，以及它能一代一代传承下去的恒久性、合情合理性。而绝对不是河伯娶妇式＊，残害妇女、儿童……用生命祭

＊ 　魏文侯时，西门豹为邺令。豹往到邺，会长老，问之民所疾苦。长老曰："苦为河伯娶妇，以故贫。"

《史记·滑稽列传·西门豹治邺》

天地或神怪式、活人殉葬式……的倒行逆施的迷信与残忍变态。

所以，这本谈文化传统的书，意在以文化谈人生，帮助人生、丰富人生、打磨人生、圆满人生。

文化传统与传统文化

文化学与历史学是紧密结合的，我们今天面临与浸润多方的文化观念、价值体系、意识形态、工具用具、生产生活手段、文化成品、文物珍品，都是千万年来人类历史发展所形成与积累的。文化的积累与耗散、繁荣与衰落、变易与发展，其节奏要比军事上的胜负、经济上的成败、国家民族的顺逆兴亡变易迟缓得多。研究文化的学者往往将注意力放在档案上，而文物器皿、古迹遗存、古代建筑，同样是历史的物质档案。文化的更多特色在于它的稳定性与变易性的共存。

文化是多样的，地域、族群、种姓的区别，常常带来文化的区别，首先是语言文字的区别，带来概念与思想方法的区别，然后是三观特别是价值观与信仰的区别，然后是生活方式、风俗习惯的差异。文化的差异性带来文化传统的差异性。差异可以带来相互的欣赏、认知、交流、互动、互学、进步，丰富原有的传统；也可能带来误解，自吹自擂，以大欺小、以强凌弱，排他敌视，互不信任，恶斗战争，某种文化的扩张，某种文化的消亡与博物馆化。还会带来不同的文化群体间的不信任、隔阂、冲突，麻烦争端。

传统活在当代

传承，面对着古圣先贤、祖宗师长；在薪尽火传、代代传承的同时，我们应该注意学习四面八方，追求更宽广、更先进、更发达、更合理也更幸福的未来。与时俱化，与时俱进，苟日新，又日新，日日新。民族文化的基础与积淀，可以以千万年计，也可以日新月异，时有旧貌换新颜，时有更新换代、升级扩容、加力加速的表现，日益突飞猛进。

我们讨论文化与传统，目的不是为了查核与校正古史古事古物古书，不是为了发思古之幽情、怀古之高雅，更不是要返回古代与先辈的生活方式，而是为了更深刻全面地认识当下，认识我们的文化、我们的生活的来历与精微内涵，认识传统文化的坚韧与新变，认识从老祖宗到当下的孜孜矻矻、宝贵发明、宝贵经验，为了克服认识时下仍然不能保证绝对没有的幼稚、天真、片面、肤浅与谬误，为了担当起随着时代发展而愈益艰巨复杂化了的历史使命，我们需要一再咀嚼反刍我们的传统文化，实现传承、弘扬，创造性转变、创新性发展，更唯精唯一、阔大恢宏、高瞻远瞩，而又实事求是地建设中国特色的社会主义文化，发展与推进我们的文化软实力。贡献中华，贡献中华文化，贡献人类命运共同体，贡献英特纳雄耐尔（国际主义，一般代指国际共产主义理想），贡献朗朗乾坤，贡献"大道之行也，天下为公……是谓大同"（《礼记·礼运篇》）。

这一切，都决定于我们的"讲文化"对于提升人们的生活素质的效用。

文化的力量超过个体生命

人生观可能充实或者空虚、明确或者模糊、高尚或者平庸，但不由自主地来到了这个世界、出生在这个星球上的人们，既然面对的是活着的自身生命与世界，就希望自己好好地活下去乃至乐享天年，希望世界更合乎人的美好期望。

然而人生有很多遗憾。生老病死的生理磨难，大自然的变化灾异考验挑战，需要生理学、医学等各种学科的知识，还有趋向美好与圆满的人生哲学，来缓解痛苦、焦虑、恐惧、疑难，增进活力、健康、自然、幸福与安慰、平稳。

个体的死亡结局不可避免，但是文化的力量超过了个体的生命，文化的遗存将会获得长久得多的在场。文化使人生的诸种悖谬、死结、愤懑、怨怼，变得平顺条理、有情有理与颇堪安慰了一些。而得不到文化的熏陶与释解引领，得不到精神的温暖与解脱，得不到文化的安抚与激励的人，会受尽愚昧与野蛮、虚无与破灭的痛苦。

文化改善与重塑人生

我们可以平静自信地说，人生可以充实，生命并非虚空。人生除去了寂寞，还有燃烧与红火、记忆与怀念、知我与知人、爱恋与智慧，还有文化的伴随与同在者——同时代人的除了荒谬困惑，还会具有的精巧与聪敏、善意与仁爱。我们将有足够的文化来创造我们的意义、幸福、美丽、信念与久长。

欲望的煎熬与落空是可悲可怕的，欲望的放肆与贪婪攫取则常常使欲火更加疯狂与狠辣，乃至伤天悖理，戕害生命。欲望的满足有时带来的不是爽利而是更加难以满足的欲望的爆炸膨胀。欲望的变化尤其是恶转化，指对于有所获得的欲望变成独占，进取的欲望变成妒恶，享受的欲望化为折磨他人的邪恶快感，使人变成人渣、公敌、魔鬼、蝎蛇。

但是文化能够有效地将欲望提升为爱恋与仁厚、审美与珍惜、欣赏与欢喜、纪念与祝福、诗文与艺术、道德与自律、清明与高洁、智慧与光明。

文化使餐食不只是果腹、饕餮、咀嚼、吞咽、消化与排泄，而且是社交、外交、友谊、爱情、亲情、节日庆祝与纪念、婚丧嫁娶、家国天下的礼仪、施恩报恩、示好答谢的一种形式，餐食发展成了种种宴会，发展了炊艺，食材获得、食材加工，厨具、餐具、餐桌各种工艺，餐厅建设与餐食服务，伴奏演出，餐巾餐服；其乐无穷，其美好无穷，其尊享无穷，其排场与圆满周到，令人愉快满意无穷。

餐饮文化也发展了创造了社会、家庭、个人、友人，尤其是情侣相伴相爱、共同享受生活生命的幸福。

餐饮文化大大超过了餐饮本身的本初意义，甚至可以使你不再注意不再特别关心与记忆吃了什么喝了什么。餐饮文化能让人多少忽略了餐饮，因为它同时是大大超过了充饥之需、朵颐之欲的艺术。它是社交，它是礼仪，它是文明，它是幸福，它是节日，它是岁月的纪念，它是全面小康；它是和谐、快乐、庆贺、鼓舞、礼尚往来、团结友爱、相互支持帮助。尤其是，它是爱情的美好享受与纪念。

当然，历史上也有鸿门宴，埋伏着杀机，也有行贿、关说、黑交易之宴，是危险的陷阱。

文化使男女情欲大大淡化了或有的尴尬、粗野、不雅、露骨、丑陋，而增益了其纯净、美丽、幸福、真诚、诗情、画意，如歌、如舞、如醉、如仙、浪漫、恩爱、持久、偕老、同生共死，与生命同欢同庆。中国的恩爱一词极佳。一夜夫妻百日恩，欲而情，情而爱，爱而恩，恩而德，德而深深远远，与生俱驻；

互助、互补、互慰、互暖、激情四射，携手偕老，善缘善果，善始善终。

而没有文化内涵与道德责任感的爱情梦呓，也许转眼变成了挑剔、作对、反目成仇。

一切都需要文化

人的生活的一切都需要文化。穿衣戴帽、饮酒喝茶、理发刮脸、进洗手间或会客室或会议室或亲人的灵堂、待人接物……有文化教养与没有此种教养的人，表现相差十万八千里。

文化抑制了减少了人生的难免的另一面：贪婪、粗野、肮脏、邋遢、自私、误解、乖戾、悲观、绝望，增益了人的自律、克己、文明、礼貌、冷静、沉稳、定力。

还有形而上的终极追求。除了此时此刻此地的吃喝拉撒睡以外，人还会想到天外之天、域外之域、此生之外的前生、来生、众生、苍生，还有心外之心、思外之思、忧外之忧、喜外之喜，世界之外之前之后之隐蔽阴影处的黑洞与永远的光明。

宗教以神明我信来解答一切解答不出来的无法实证，也无法论证、证伪的难题，唯物论、无神论以物质世界的存在本身，信心十足地解答着物质世界产生的一切非物质疑问。

人还有私密的与极其个性化的需要。关于自由，关于爱好，关于天才，关于寂寞，关于迷狂，关于疯癫，关于伟人，关于使命，关于命运，关于天有不测风云、人有旦夕祸福。还有艺术家、身具奇异禀赋之人，例如割过耳朵与几乎是自杀的超凡画家梵·高，前后都娶过音乐家克拉拉的伟大天才音乐家舒曼与勃拉姆斯，他们都是文化的巨星，都照亮了人类历史，也都是文化的奇葩，是被特异的文化才能压得失常的病态的人。更何况还有许多的英雄、豪杰、救星与灾星、魔头。

文化扩张了、长远了、创造了、深化了、升华了、照耀了、保持了也保鲜了人一生的体验和满足，记忆和感动。文化使人生从短促变成了久长，从匆忙变成了从容盘旋，咀嚼、反刍、消化、吸收、成长，从粗枝大叶、转瞬即逝，变成了怀念与回味、滋味无穷，从稀里糊涂变成心明眼亮，从软弱拙笨变成强大万能。文化也解决了，更衍生了那么多问题、麻烦和冲突。

生活文化，谁也离不开谁

子曰："不学诗，无以言。"（《论语·季氏篇第十六》）

子曰："弟子，入则孝，出则悌，谨而信，泛爱众，而亲仁。行有余力，则以学文。"（《论语·学而篇第一》）

语言文字是最重要的文化。子曰："可与言而不与之言，失人。不可与言而与之言，失言。知者不失人，亦不失言。"（《论语·卫灵公篇第十五》）

文化就是生活，来自生活，文化在生活中学习、汲取、消化、滋润、成型。有余力，可以专门去学习文化学、文艺学、文字学、文理学、文章学、文采学。

孔子的余力学文说，又似是暗示我们：文化文艺有可能成为一种奢侈与挥霍，文化引领我们走向圆满的世俗生活，又破坏着，至少是扰乱着千万凡夫俗子的世俗生活。

文化为了生活而产生，文化回应着生活的需要，文化的根基是生活。人怎样生活，就有怎样的文化，文化听命于生活，文化引领与规范了生活。

文化是生活，更是对于生活的理念、理想，和不断更新升级的追求。理念理想不可或缺，理念理想难以梦梦成真，成真的同时又会有新的课题与挑战。文化会被怀疑、被抱怨、被争论、被修正，会产生矛盾与冲突。文化的困惑毕竟要依靠发展、提升的文化来解决，而不是靠无文化与反文化、消灭文化来解决。

文化给我们一个更美好的世界

文化又形成自身的一个世界。语言文字是生活的符号，是思想与交流的符号。但是语言有发音，有词汇，有语法，有规则与对规则的突破，有韵母、声母、节奏、音乐感，有对比、同义、反义、转义，有结构感、移动感与画面感，文字有形状与字体的演变，有发音、拼音、转音、多音，有表形、表义、表音与兼有形义音的类似中文的文字的差别，有书法艺术，有修辞与运用语言文字的各种技巧、学问、程度与境界。还有各种语言文字之间翻译交通的文本、学识、能力、学派。一个沉迷于语言文字的大家大师，可以忘掉生活的琐屑平庸，以语言文字代替普通过日子的生活。

对于政治家来说，政治是生活与民众的提高和十倍百倍的伟大化、激情化、行动化与智谋化。同时，正确的政治主张的胜利与落实，带来的是亿万国人与人类的生活的天翻地覆，是幸福与美满的生民生活。

但是对于封建王朝的君臣与资产阶级的政客来说，政治充满了争权夺利、阴谋诡计、血腥屠戮、诛九族的灭门之祸。

或有某类文化藐视生活，例如有些宗教、礼教，某些地域的陈规陋习，极端主义、分裂主义、恐怖主义三种势力也是一种文化的变态。

文化可能与生活较劲，文化可能克制纵欲、奢靡、腐化、卑劣、恶俗，文化也可能反过来制造生活的麻烦与痛苦，例如中世纪对于妇女的各种压迫残害。

只能用先进的、科学的、以人民为中心的文化去战胜与克服、消化与变易、保守与野蛮、愚昧与自欺、停滞与倒退的，与生活为敌、与人生为敌的文化。

文化形成了各种学问，各自的天地世界。有了文化就有了文化学、比较文化学、文史、文物、文艺、文档、文博、图书、图书馆、宗教、媒体、出版……以及一切的学科领域。仅仅一个个文化领域已经够一个人辛苦一辈子、沉潜一辈子、奉献一辈子、钻研一辈子了，你还有空闲凌虚蹈空地去感叹纠缠生命的空虚和多少年后的呜呼哀哉吗？

文化必须进步、发展、变易图强。文化又常常恋旧、自赏、自恋。在转变、发展与进步中，传统才能得到传承与新生，得到守护与活力，得到完美与永恒。

优秀的文化为自己的发展进步留下了足够的空间；为自己的学习、汲取、消化，准备了足够的决心、胃口、胸怀与本领；为自己的与时俯仰、与时俱化、薪尽火传、传承万年奠定了足够的根基，根深叶茂、触处生春、活力横溢、承旧启新、前景无限！

文化成为巨大的软实力，成为社会前进的动力，成为历史前进的号角与蓝图，例如科学社会主义的意识形态。文化又成为永不消失的纪念、凝聚与丰碑。

文化使你的人生圆满

每个人的一生是怎么度过的呢？

有的长命百岁，有的夭折骤亡，有的穷途潦倒、一事无成，有的事业成功、有目共睹，有的健康快乐、光明坦荡，有的嘀嘀咕咕、怨怼愤懑，有的斤斤计较、酸不溜秋，有的大度能容、终成正果。有的人人羡慕、赞誉有加，有的人人摇头、老鼠过街……同样是人生，差别何其远，做得实在差，活得忒丢脸，何不学文化，人生变圆满！

人生而受遗传学因素的制约，有家庭、人脉、族群归属与地域条件诸方面的背景影响，这是无法不承认的，但是归根结底，人与人的比较是文化根基，文化学养，文化浸润，文化选择，文化塑造，文化化育、引领、规范的比较。我们应该尊重各式各样的文化，我们又不能不有心于不同的文化在不同时期不同地域的效果显示、比较掂量与研究。

同样是先天的残疾，有的只留下了痛苦呻吟，有的却展现了其力回天的奋斗勇敢与勤劳奉献的惊人业绩，给了全人类以激励与教育，为所有健康与有病痛者都树立了榜样。

同样是贵二代、富二代，有的变成贾赦、贾珍、贾琏这样的垃圾无赖、寄生虫渣滓，有的则成了将门虎子或者仁义君子，青出于蓝而胜于蓝。冰，水为之而寒于水。杰出者因人格而不是因地位门第而立身于世。

有的人自私任性、猖狂放肆，自取其辱、自取灭亡。有的人克己复礼、推己及人、严于律己、担当负责，即使屡受小人压制，终于大放光辉。有的人一盘好棋，因自己的昏招下输。

有的运动员明明占尽优势，却由于患得患失，表现失常而大败。有的人小有伎俩就装腔作势、吹嘘卖弄，结果是渐渐出丑成为笑柄。有的人身无长技，夤缘时会，混上个弼马温，就忘乎所以，浅薄低俗，难掩小人得志或暴发户的丑态……

还有人受到恶风劣俗、不良嗜好、狐群狗党的影响，黄赌毒、霸诈骗、迷信邪教，各种丑恶上身，以身试法、丢命丢身，不知伊于胡底。

还有许多人的人生只能说是对于生命的浪费，对于生命的糟蹋，对于生命的不负责任，对于生命的歪曲与毒化。那些坏法乱纪、腐化堕落、终尝苦果的人，那些一心吃喝玩乐、懒惰贪婪的人，那些偷奸耍滑，只想走后门、走捷径的人，那些空口白话，不干一点实事的人，那些作威作福，只求沾光，绝无有所贡献的诚意的人，对己对人，其实他们生如不生，生不如死，他们的人生是他们的耻辱！

人与人、族群与族群、地域与地域，直到国与国的竞争，首先是文化的比较与掂量。当然，历史上不乏没有多少文化，却因拥有相当数量的武装者而战胜因文化而辉煌的族群的记录。第一，这是往事了，当今世界已经有了很大发展，现在的相争，与冷兵器时代的体力与武力的较量大不相同了。第二，即使是古代，仅仅凭武力的征服，也难于取得稳固的胜利。从个人来说，仅仅靠遗传学方面的优势、背景优势取得的成功，与其说是成功，不如说是埋下了祸根或者危险。这样的事例不胜枚举。

你想获得一个比较圆满的人生吗？要的是文化，要的是学习，要的是教化，要的是苦读与思考，要的是一日三省吾身[*]，要的是科学的有文化的生活安排与生活方式，是美善的价值选择与灵魂归依，更要有绝对的去非、去恶、去私的抵抗力、免疫力与清洗保洁的文化意志。

文化是灵魂，是积淀的永生

个人的生命是短促的，但他们的功业，他们留下来的文化范例、文化思想、文化作品、文化影响、文化资源，比他们个

---

[*]　曾子曰："吾日三省吾身——为人谋而不忠乎？与朋友交而不信乎？传不习乎？"

《论语·学而篇第一》

人更丰富、更宏伟、更深刻、更宝贵、更有力也更久长。

最突出的例子是孔子。他的一生很难说是成功人士的一生。如唐明皇的诗所说，孔子忙忙碌碌周游列国*，得不到践行自己的治理理念的机会，甚至说自己如丧家之犬，等不到凤凰只能叹息，见到被捕获的麒麟，更感到了一切的无望。然而他的学说，他的言论，他的影响，他的称号：大成、至圣、先师、万世师表、孔圣人、文圣、衍圣公、褒成宣尼公、文圣尼父、邹国公、太师、隆道公、文宣王……堪称万古一人。而朱熹所引述的"天不生仲尼，万古长如夜"，更是空前绝后，惊天动地，举世无双。

如果你研究创作学，也许会觉得托尔斯泰伟大，如果你只是亿万读者与后人之一，你会感到，《战争与和平》《安娜·卡列尼娜》《复活》要比作者这个人更伟大、更纯净、更不朽，更值得百年千载地阅读、欣赏、研究、探索下去。

---

* 《经邹鲁祭孔子而叹之》
　　（唐）李隆基
　　夫子何为者，栖栖一代中。
　　地犹鄹氏邑，宅即鲁王宫。
　　叹凤嗟身否，伤麟怨道穷。
　　今看两楹奠，当与梦时同。

正如研究中国的历史，离不开尧、舜、汤、禹、文、武、周公，但是中华文明、中华民族的古代史毕竟比几个伟人的传记重要得多。

曹雪芹当然了不起，没有曹雪芹就没有《红楼梦》，毫无疑问。但是《红楼梦》比曹雪芹普及百倍、重要得多。关于曹雪芹本人的史料相当贫乏，说法不一，弄不清楚、搞不明白，但当真下功夫读了《红楼梦》，即使版本差异带来很多麻烦的公案，仍然会令人大有所获；而如果用曹氏的小传去解释分析《红楼梦》，却是对博大精深的《红楼梦》也是对曹氏的内心、才华、创造力的贬低、约束、压缩、删削乃至肢解。

二战的历史仍然吸引着许多历史学家与国际政治学家，但历史重于个人，历史功勋与历史教训比个人的瑕疵与巧遇不知重要多少。

人终有一死，但留存下文化遗产的人士，仍然活在他的文化创造、文化贡献里，正如历史伟人仍然活在他的功业与荣誉里。功业、荣誉的记录（包括某些历史的经验与教训），正是文化的积淀与资源。文化是灵魂，也是对死亡与忘却的战胜。

第一章

生死

生与死

谈到"人生",你没有办法不谈"人死"。如果人不会死亡,时间对于人便失去了意义,人类的一切追求、愿望、忧虑、期盼、喜怒哀乐,都全无必要了。意义离不开具体的与有限的时间与空间,如果你的时间是永恒的无尽无休,你有什么好需要做的呢?下一分钟做与过一万年做还有什么区别呢?

健康?你现在不够健康?等上20万年再去争取一个更健康和强壮的体魄,不晚;叫作十万年不久,压根不分朝夕。20万年后达到健康以后还有无穷个健康的年头等待着你。学问,你可以等500万年以后再上学;爱情,你可以10万亿年以后再恋爱。所以,你的一切吉凶祸福、顺逆通塞、好坏善恶,包括你是算活着还是不算活着,活过还是刚刚活起来,都已经无所谓了。

反过来说,死亡的结局,应该怎么样看呢?日本有一位重伤于交通事故的作家,名北野武,做出了叫作"向死而生"的著名判断,那就是不单死的时刻到来的时候是死,您一出生就瞄准了死亡的目标了。这,又为人生带来多少悲哀、恐惧、无助感与空虚感(更时兴的是叫"荒谬感")呢?人生走下来,难道是一场荒谬与虚无的悲剧吗？

这样，谈文化与人生，就要从生与死谈起。

生命的出现是一个奇迹

生命是一个奇迹。科幻电影中人们屡屡思考想象外星人的存在，反正至今尚未找到外星人的踪迹。人迹已经达到月球，直到火星，而特殊的天文望远镜，发射到太空轨道上运行，网上有的说可以观测到 200 光年远，有的说可以观测到 130 光年远的目标。就是说，这位天文学家看到的那颗远方的星光，按照中外都按 30 年为一代的算法，其实是其上七辈曾祖父活着的时候发出的光辉。这种遥远的时间差使人手脚冰凉，又使有成就的人心生安慰：噢，我此生放出的光芒，将能够在 130 年后，照耀到那颗我用最先进的望远镜才能看到的遥远的星球上。

而市场上花 200 元左右人民币就可以购得的高倍望远镜，也可以望出 42 万公里。在这样一个巨大的空间里，没有发现有水存在的其他星球，没有发现有生命迹象的其他地点，没有发现外星上的，或者居无定所、漫游在太空的类人类，没有可能与哪里的外星人会见相好，更没有可能与外星人发生战争，像好莱坞的影片上表现的那样。

为了证明我们的宇宙的无穷，外星人类的存在，我们还需要耐心等待一百年还是一万年呢？空间与时间都是无穷的。如果不是无穷，而是有限，那么空间与时间之外又是什么呢？《庄子》云："至大无外，谓之大一；至小无内，谓之小一。"（《庄子·杂篇·天下第三十三》）就是说，宏观与微观，都是不可穷尽的。

当然，对此有不同的说法。还有，对此，不管想明白还是想不明白，我们都无法否认生命的奇异与伟大，可贵与可悲，可爱、可用、可歌、可泣、可赞、可贵、可敬、可惜。我们只能好好地、更好地度过与使用，体贴与欣赏，调整与修缮，打扮好、把握好我们的每一年、每一天、每一刻钟。

第一是，我们的地球、我们的人类，太孤单太寂寞。第二是，我们太特殊、太珍稀、太奇异精怪。

西方的说法是上帝创世，七天内，前六天上帝"挥手创造"了光、空气、陆、星斗、动物、人，而第七天创造了的是周日休假的规矩。

中国的说法是盘古开天辟地。原初，天地是一个阴阳混沌的黑暗的大鸡蛋，盘古用神斧劈开天与地，并依靠自己的生长撑开了一分为二的世界，得到了天与地、光明与黑暗、昼与夜之区别与互生互济互化。盘古死后，头化高山，四肢化擎天柱，眼睛变成日月，血液流成江河，毛发肌肤长成花草，呼吸变成风，喊声成雷，泪水成甘霖雨露，滋润大地。是天地培育了盘古，还是盘古创造构建了天地？或者，天地就是盘古的身体，盘古，就是天地的精魂。

中国的女娲补天与用泥土捏人造人的故事也很迷人。女娲是生命的慈母，中国的圣母，是万有的子宫。

这些说法都天真亲切、简明有趣。比较起来，中华文化承认世界本身已经自行存在、根本存在、自然存在。盘古是有所分析分离，从而形成或驱动了世界，同时世界有所缺陷缺乏，中国的圣母女娲乃做了些修缮与补救。中国的创世故事很聪明，有股子顺势、随形、合意、走着瞧的路数，不突兀，不硬掰，不是从零凭空启动，也不是按上意计划日程实施。

顺应为之，行云流水，道法自然，走着瞧，或为中华文化性格的一个重要方面，智慧明哲、常常不败的一个方面。

说起来很简单很明白，世界是世界创造的，人类是人类繁衍而生的，鸡是蛋孵化出来的，蛋是母鸡生出来的，草来自草籽，草籽来自草花。发生学的意义在于它不能确定解答一切本身之外的发生，我们没有看到过也没有记住我们的发生。我们知道的是我们的已生、已在，我们可以预想到我们的死亡、不在，却难以回味我们的从无到有。

顺势顺物顺理顺变化，似乎已经有了唯物主义观念的萌芽。

孔子论生死

"逝者如斯夫，不舍昼夜"*，孔子在河川之上叹息的这句话概括了人对于生命的初始感受，包括美好、伤感、紧迫感和无可奈何的明达清醒。逝者是流水，是万物，是时光，是自己的生命，是过往，是曾经，是历史也是痕迹，乃至无痕迹的空洞与绝非绝对空洞。无非无，无是有过的无和将要有的无。有非有，有是无中产生发生的有，是仍然会变成无的有。

---

*　子在川上，曰："逝者如斯夫，不舍昼夜。"

《论语·子罕篇第九》

无中生有，用成了贬义词，其实源于老子的"万物生于有，有生于无"（《道德经》第四十章）。是老子代表的中华辩证法的伟大认知、伟大哲学命题。

有了以后会是死亡。对人而言，逝者也就是死者。死亡，包含了生理与疾病的血腥与惨痛，意味着亲人子女的号啕大哭、撕心裂肺，人间的最悲最痛最绝望。所以我们更愿意说"逝者"，不说"死者"。英语用"pass away"，也是"逝去"的意思。

正因如此，更要积极进取地生活：三十而立，四十而不惑，五十知天命，六十耳顺，七十随心所欲不逾矩，发愤忘食，乐以忘忧，不知老之将至。逝水年华，不会等候你、在乎你的空自嗟叹。*

为什么发愤？有愿望，有大志，有能量的积蓄发酵，也有热度动力；但是尚未实现，尚未有像样的成果，可能还有压力，还有樊篱，还有泼冷水与种种阻拦。这时候要下决心，要有激

---

* 子曰："吾十有五而志于学，三十而立，四十而不惑，五十而知天命，六十而耳顺，七十从心所欲，不逾矩。"

《论语·为政篇第二》

情，要火热心肠，要我不下地狱谁下地狱，要知难而进、前仆后继，要给自己吹起冲锋号、摇起旗旌、敲起催促的战鼓。

为什么乐以忘忧？有大志有目标有路径有决心有热度的人，与无大志无目标无路径无决心无热度的凉凉的行尸走肉相比，当然是乐而忘忧的喽！

你应该忘记生与死的大限，做好此生再说别的。未知生，安知死？不能事人，安能事鬼？"子不语，怪，力，乱，神。"（《论语·述而篇第七》）

孔子谈生死，不夸张、不滥情，不趁机高、大、上、玄、深、雄、奇、辩、妙、惊、险、终、极，抟扶摇而上。*他的特点是普通、正常、合情、合理，子不语，不说那些不靠谱的吹、侃、抡、潲，嘀嘀、咕咕，但也不争论，不急于排除扫荡与他不同的虚构性、神经质、夸张的狂言妄语，也不太理会一厢情愿的关于人生的闲言碎语与思想波动。例如关于命运，关于上辈子与下辈子，关于报应，关于神神鬼鬼。

---

*　鹏之徙于南冥也，水击三千里，抟扶摇而上者九万里，去以六月息者也。

《庄子·内篇·逍遥游第一》

因为孔子是圣人，不是学者、专家、昆仑、海洋，他是帝王师、君子师、贤徒师、小子师，他注意的是世道人心、修齐治平、经世致用。他得不到黑格尔的理解，却得到了启蒙主义者伏尔泰的盛赞。

就是说，孔子认为，人活一辈子，死当然是要死的，但是你用不着没事琢磨这个死呀活呀的，你弄得清生死之究竟，要好好活着，你弄不太清或各有各的生死之论点，不能放心，还是要好好活着。你不是为弄清究竟而活，你是因为已经活了，至少短期内没有告急欲死的危险，你的活首先是事实，其次才是观点。你要死了？真有这个危险了，更毋庸想入非非了。活得还好，有了余力，人才琢磨起人生的究竟——这个想得脑仁儿疼的问题来。

活就要好好地活，既然生而为人，就不能躲避人生，躲避生死。不是卑贱地、邪恶地、痛苦地活，也不希望一代代总是贫穷地、艰难地、九死一生地、痛苦地活，还有，希望不是非得较劲地、钻牛角尖地、咬牙切齿地活。你会随着年龄的增长而成长前进成熟，知其不可而为之，倾全力做好活着的人应该做的所有事情，而绝对不是动辄瑟缩在一边与人生为敌，哭天抹泪、悲观叹息、走火入魔、自戕自毁。

仁义、丧葬，比生命更重要的价值

孔子讲过"志士仁人，无求生以害仁，有杀身以成仁"（《论语·卫灵公篇第十五》）。孟子的说法比孔子显得更英雄主义："鱼，我所欲也，熊掌亦我所欲也；二者不可得兼，舍鱼而取熊掌者也。生，亦我所欲也，义亦我所欲也；二者不可得兼，舍生而取义者也。"（《孟子·告子章句上》）

孟子同样也生动地讲述对生命、对众生的爱惜，他强调"君子之于禽兽也，见其生，不忍见其死；闻其声，不忍食其肉"（《孟子·梁惠王章句上》），叫作"于我心有戚戚焉"。他还强调只有不嗜杀者才能王天下。或者可以说，孟子的英雄主义在于不惜舍生取义，孟子的珍惜生命在于劝谕不要过分杀戮生命。

同时如后世王羲之在《兰亭集序》里所说，"死生亦大矣"（生与死也都是大事件啊），儒家重视丧葬文化，重视表达孝子的无限哀戚，表达对逝者对先人的敬意。还要表现道德、礼制、文化的连续性、坚韧性与规范性，要将孝德表达在隆重的丧葬礼上。隆重的丧葬，包含着孝亲、礼敬、哀戚、畏惧、惭愧、自责、担当与使命意识，内容丰富，含义重大。

通过丧葬，儒家学派表达了对生命过程的重视敬畏，绝对不允许、不接受、不认同什么生命与生活的虚无主义。

古时遇逢亲丧，子女都自称不孝男女，都要在丧事中忏悔哀痛、净化灵魂，如老子所讲的"专气致柔，能婴儿乎"（《道德经》第十章）。不管人们是否接受老子道家一派，在亲丧一刻，都只是孤与哀的孩子，父逝曰孤，母逝曰哀，孤哀子女又都成了无父无母的小婴儿，正面回答了老子的提问。

死亡诸事，由活人后辈去料理，一丝不苟，完成丧葬的礼数，作为礼法的一部分，而不是去瞎费劲，致力于研究死亡的秘密与遐想妄议。儒学的务实避虚，也表现在丧葬事务上。

活人把心思集中于如何活、活得更好更有意义，还要避免面对死亡时有什么懊悔冤枉空虚，视道德精神为终极眷注，为了仁爱与义理，需要做好每一个细节。

几千年来，这种围绕着活人制定的生命—死亡观念，为多数人所接受。而一些无知者愚昧者那边，鬼呀神呀闹腾一阵，意义有限。更多的妄想与迷信者，从秦始皇到《红楼梦》中的贾敬，搞什么到海外仙山寻不死药，搞什么炼丹求寿，求助于邪教式的什么术士方士，就更是乌烟瘴气，害己害人了。

一般老百姓，有的出自天良，有的出自佛教的善恶报应观念，认为积德行好有助于延长寿命，损德伤人会折寿减寿，这种观念至少有心理学与精神病学上的道理在。仁者爱人，恶者恶人，爱人者爱于人，恶人者恶于人，爱与恶影响血象与内分泌，影响健康与寿命，道理是说得过去的。

中国儒家，对于生死与对待一切题材与主题的诗歌民谣礼仪一样，乐而不淫、怨而不怒、哀而不伤，决不纠缠，亦不虚空，不搞强不知以为知，不夸大其词、滥情无度，不因终死而否定各自千姿百态的一生，不因求生而恐惧咒骂死亡，不幻想永生，不因一死而断定生命是不可承受之轻。*在生与死这样重大的问题上，儒家显得稳重、合理，有人生定力与文化定力，注意保持也确能保持其道义上、教育上，对于家国天下的影响上的正确性、非负面性。

老子的生死观

老子的说法是"……吾不知其名，字之曰道，强为之名曰

---

* 生，事之以礼；死，葬之以礼，祭之以礼。

《论语·为政篇第二》

大。大曰逝，逝曰远，远曰反"*，他是说先于天地（当代语言应该是先于这个银河系）而存在的"寂兮寥兮"（独立的，不依人间意志而存在的）大道。道是一切的起源与归宿，道是一切的规律与驱动，道是一切的先验与原生，道是万物出生、成长、完成、寂灭的源起与依据，道是不灭的功能与能量的根本。道是万有的基因与源代码。你问，说了半天道，道究竟是什么呢？到底是什么呢？太好了，这样的问题的提出，就是道性，就是道悟，就是道觉，因为道恰恰就是你感兴趣的这个到底与究竟。

道到底是什么？答：道本身就是到底；道究竟是什么，道恰恰就是究竟。你的问题就是你的答案，你问"你是谁"，问了谁就是谁；你问"我是谁"，谁问就是谁。

老子说，没有任何一个概念能准确地表达对"道"的理解、

---

* 有物混成，先天地生，寂兮寥兮，独立不改，周行而不殆，可以为天下母。吾不知其名，字之曰道，强为之名曰大。大曰逝，逝曰远，远曰反。故道大，天大，地大，王亦大。域中有四大，而王居其一焉。人法地，地法天，天法道，道法自然。

《道德经》第二十五章

觉悟、灵感、契合，他找不到道的大名，只能勉强地用一个表字来使用，这个字就是"道"，道之大也无穷，极大极伟极无穷，同时它不停地过往流逝，被取代。过往了，流逝了，离我们越来越遥远了。遥远的同时，是一切都会以种种形式、种种路数有所回返，有所重现重演，有所复活，有所靠近、存在。

好的，老子的这一段话我已经说得太多了，已经违背了陶渊明的"好读书，不求甚解"*的真正的慧心与高明，已经泄露了太多的天机。还是让你们自己去咀嚼与体悟吧。

我们会从老子的话语中得到觉醒与解脱。我们不会、不应该追求，对人生对宇宙对生死像对待自己的手机银行上的收支账目一样的清晰明澈。谁都不是生死大道的会计师与测量师，更不是账户拥有人。

从道的观点来看，生死就是道的体现，生死也是大、逝、远、返的体现，是先天地先万物的终极，是先生命即先于生死的永远与无限。道，就是先于生死，永久生死，就是生死之源

---

*　先生不知何许人也，亦不详其姓字。宅边有五柳树，因以为号焉。闲静少言，不慕荣利。好读书，不求甚解，每有会意，便欣然忘食。

（晋）陶渊明：《五柳先生传》

头与终结。而道，是我们的依附，我们的根据，我们的明白理解，我们的不求甚解的大而有当的安慰。

庄子的奇葩生死论

庄子则干脆美化死亡，视生与死为一体，视死亡为向着新的不同的生命形式、存在形式的过渡变化。叫作"与时俱化"，也就是与时俱生，与时俱死，生生不已，死死不已；生的过程就是死的过程，死的过程也就是生的过程。*

庄子与列子还设想着死亡可能具体转化为后续物。庄子惊人地宣讲，死亡的快乐或许胜于生存。他用"丽姬悔泣"的故

---

* 若夫乘道德而浮游则不然，无誉无訾，一龙一蛇，与时俱化，而无肯专为。一上一下，以和为量，浮游乎万物之祖。物物而不物于物，则胡可得而累邪！此神农、黄帝之法则也。

《庄子·外篇·山木第二十》

事告诉大家，说美女丽姬被晋国君王抢走成为妃子，最初，她哭得衣服都湿了，后来，过上了妃子的幸福生活，她为自己曾经哭泣而十分后悔。*庄子的惊人之论是，人的死亡说不定与丽姬的被劫持一样，通向的是幸福美满而不是苦难悲伤。

这是用比喻讲"乐死"。人们知道乐生，只有庄子大讲乐死。用比喻宣讲主张，不太有逻辑，但是很文学，不太有说服力，但是生动有趣。

《庄子》谈生死特别是死亡，篇幅不少。他强调，人之有生有死，就与天有昼有夜一样，是自然，是天道，是绝对无法改变的，人不能不可不该去瞎干预。人与天道合一，与自然合一，应该达到无生无死，永与天为一，与道一，与生一，与死亦一的境界。庄子与他这一派的人物，还以生死作为判断人的悟性、智慧性、明觉性、可结交可交流可切磋性的入围衡量标准。

《庄子·内篇·大宗师第六》上说："子祀、子舆、子

---

*　丽之姬，艾封人之子也。晋国之始得之也，涕泣沾襟。及其至于王所，与王同筐床，食刍豢，而后悔其泣也。
《庄子·内篇·齐物论第二》

犁、子来四人相与语曰："孰能以无为首，以生为脊，以死为尻；孰知死生存亡之一体者，吾与之友矣!'四人相视而笑，莫逆于心，遂相与为友。"

四位有见识有常识有知性的士人的入群标准是，要认识到空无是生命的开端，生活是生命的脊梁，死亡是生命的屁股尾沟。能够理解生死从来就是不可分家的一回事的人，可以与我们成为朋友。四个人边说边笑，相互成为"莫逆"（永不逆反）之交。

庄子反对贪生怕死、喜生恶死。他一方面叹息人生的短促，说什么"人生天地之间，若白驹之过隙，忽然而已"（《庄子·外篇·知北游第二十二》），一方面却又夸张地演说死之快乐。说什么他见到一具骷髅，想着如何让骷髅复活重生，结果骷髅进入他梦中说："死，无君于上，无臣于下，亦无四时之事，从然以天地为春秋，虽南面王乐，不能过也。"

骷髅说："死了，不分君臣四时（等等礼法）了，比当了君王还（轻松自由）快乐呢。"

这与其说是讲说死亡的乐趣，不如说是显示他的清高。他没有官欲，不受官差之苦。甚至于，如果说这话语中有点中华老字号无政府非政府主义的萌芽，也讲得过去。

亲死安死主义说着也有点意思，做起来，其不近人情就令人或有反感了。说是庄子妻子死了，庄子不但不悲伤，而且敲着盆儿唱歌。[*] 伟大明达而至于此，不近人情，令人反感。

庄子将享其天年视为核心价值，也会引起争议。他不认同伯夷叔齐他们作为殷商旧臣，耻食周粟而饿死的做法；也认为比干进谏而被纣王挖心致死是不智的，这些都难以获得认真的赞同。自古以来，在欣赏庄子的文学才华与奇趣故事的同时，出现了对于庄子的各式抨击。

当然庄子还有理论，说是人原来就是来自无的，人本来既没有生命也没有形体也没有气息，死后，等于回了老家，这是与春夏秋冬一样的正常变化，有什么必要哭哭啼啼的呢？

庄子的经典名言是"夫大块载我以形，劳我以生，佚我以老，息我以死。故善吾生者，乃所以善吾死也"（《庄子·内篇·大宗师第六》），他是说大自然承载了我们的身体，让我们为了生活而劳苦，让我们老了以后有所安逸，让我们从死亡中得到休息，道法自然，顺理成章，生死衔接一体，生自死来，死还生前，自能节哀顺变。

---

[*] 　庄子妻死，惠子吊之，庄子则方箕踞鼓盆而歌。

《庄子·外篇·至乐第十八》

而出自《礼记》的儒家"节哀顺变"之说，与道家也是通而为一的，目前这四个字已经是追悼吊唁的经典用语。细想一下，见到逝者的亲属，实在没有更好的其他说法。节哀，不是不哀，当然哀，追悼者、吊唁者，停灵时期，也都哀而痛之。但你不可能有办法使逝者起死回生，只能顺应、老老实实地接受人生的也是大自然的这种与人们的愿望并不契合的变化。谁又能与生死较劲呢？

这不免令人想起达·芬奇在《生与死》一文中所说：

"每一种灾祸在记忆里留下悲哀，只有最大的灾祸——死亡，不是这样：死亡是把记忆和生命，一股脑儿毁灭。

"正像劳累的一天带来愉快的睡眠一样，勤劳的生命带来愉快的死亡。

"当我想到我正在学会如何去生活的时候，我已经学会如何去死亡了。"

达·芬奇的知生乃知死，与孔子的"未知生，焉知死"（《论语·先进篇第十一》），互文互补，异曲同工。二人相距两千多年。

融为一体说

庄子还有更多的有关生死的论点。一个是人与大道的结合融合，摆脱生命、躯体与自我的限制，"若夫乘天地之正，而御六气之辩，以游无穷者，彼且恶乎待哉？"（《庄子·内篇·逍遥游第一》）一个小小的人，做到了与天体同体，与大道同行，做一切都依照天地的正道，从而能调理掌控世间风、火、暑、湿、燥、寒六种元素，游走于无穷的时空之中，进入无己、无功、无名、无待的至人神人圣人最高境界、永恒境界，实际也是一个无寿夭、无生死、无物我，反过来说是无所不能无所不具无所不可的最高境界。

庄子又称之为"道通为一"*。通则一，通则无差异，无矛盾、无争执、无焦虑、无期待、无好恶，无生亦无死，大而化之，齐而一之。"一切都是瞬息，一切都会过去"（普希金），一切都是相对的、不固定的，一切都可以融合为一。

---

* 故为是举莛与楹，厉与西施，恢诡谲怪，道通为一。

《庄子·内篇·齐物论第二》

　　庄子的生死观是用自然论、一体论、境界论、成长化育论来冲淡乃至洗刷死亡的悲剧性。

　　庄子还有道枢说，人自成为大道的枢纽圆心重点，与一切等距离，也是融合为一。

　　请读者明鉴，世界上有许多遗憾，有许多无奈，死亡便是其一。说到这里，你实际上已经路尽招绝，但是还有大脑，有语言，还有文字，还有修辞，还有倒装句，还有正话反说，反话正说，悲事喜说，喜事悲说，还有辩证法的矛盾统一、质变量变、否定之否定，正、反、合；还有物极必反、负负得正、盛极必衰、绝处逢生，万物向着自身的反面转化。你要学会用语言、文字、思想、修辞、哲学辩证法安抚、鼓励、充实、温暖自己，乃无往而不胜。相反，你不宜以文化文字为工具为手段，毒化、恶化、丑化、诅咒化与腐臭化人、生活、人生。

文学中的生与死

　　"'死生契阔'，与子成说。执子之手，与子偕老。"《诗经·邶风·击鼓》里的这几句诗讲的是生离死别、相依相约、同甘共苦、共历辛劳，手拉着手、白头到老，以爱情、友情、深情、人心顶住生死的冲击煎熬。写得深切朴实适宜，可亲可信可敬，不渲染、不闹腾，不轻佻也不颓唐，令人刻骨铭心、永志不忘。

"长太息以掩涕兮，哀民生之多艰……亦余心之所善兮，虽九死其犹未悔。"屈原《离骚》里的这几句，表达了诗人与忠良臣子，为了家国、民人疾苦、为自身的理想信念而视死如归、九死未悔的悲壮坚强。

陶渊明《挽歌诗》，千古不朽。其一："有生必有死，早终非命促……但恨在世时，饮酒不得足。"故意说得如此轻松小巧，但恨饮酒还没有足够，这是潇洒，这是糊弄自己与读者，这也是一种举重若轻、尊严自信、诗兴飘飘。王羲之是以"死生亦大矣"的严重关切冲淡死亡的悲哀无救；而陶渊明则是生死云云，无非有小酒未足之哀的戏说，聊供一笑。不然，你还能怎么样呢？ *

---

*　**《挽歌诗》**

（东晋）陶渊明

有生必有死，早终非命促。

昨暮同为人，今旦在鬼录。

陶诗之二："在昔无酒饮，今但湛空觞……一朝出门去，归来良未央。"人在时没有酒可饮，酒在时，人已去了，不会来喝了，这都有点悲凉，也都有点喜剧性。一点点被喝掉了或尚无人喝的小酒，一个盛酒的或未得酒盛的酒觞，一个有酒喝或无酒喝、喝过了或待饮的人儿，这就是世界，这就是死生，这就是挽歌和那点眼泪。*

其三更是大实话："向来相送人，各自还其家。亲戚或余悲，他人亦已歌。死去何所道，托体同山阿。"大谈生死，不如同喝小酒，不必执着于谁也无能为力的生死之变。再悲伤，活人也只能各自活下去，余悲自余悲，哀歌自哀歌，死者还有

（接上页）
　魂气散何之，枯形寄空木。
　娇儿索父啼，良友抚我哭。
　得失不复知，是非安能觉。
　千秋万岁后，谁知荣与辱。
　但恨在世时，饮酒不得足。
*　在昔无酒饮，今但湛空觞。
　春醪生浮蚁，何时更能尝。
　殽案盈我前，亲旧哭我傍。
　欲语口无音，欲视眼无光。
　昔在高堂寝，今宿荒草乡。
　一朝出门去，归来良未央。

什么其他可言可思？把遗体交给山沟山角也就是了。*

而苏轼的《前赤壁赋》则说："寄蜉蝣于天地，渺沧海之一粟。哀吾生之须臾，羡长江之无穷。挟飞仙以遨游，抱明月而长终。知不可乎骤得，托遗响于悲风。"

还有，苏子曰："客亦知夫水与月乎？逝者如斯，而未尝往也；盈虚者如代，而卒莫消长也。盖将自其变者而观之，则天地曾不能以一瞬；自其不变者而观之，则物与我皆无尽也，而又何羡乎？且夫天地之间，物各有主，苟非吾之所有，虽一毫而莫取。惟江上之清风，与山间之明月，耳得之而为声，目遇之而成色，取之无禁，用之不竭，是造物者之无尽藏也，而吾与子之所共食。"

从生死的观点来看，人的生命像蜉蝣一样短促，人的存在

---

* 荒草何茫茫，白杨亦萧萧。
严霜九月中，送我出远郊。
四面无人居，高坟正嶕峣。
马为仰天鸣，风为自萧条。
幽室一已闭，千年不复朝。
千年不复朝，贤达无奈何。
向来相送人，各自还其家。
亲戚或余悲，他人亦已歌。
死去何所道，托体同山阿。

渺如沧海之一粟。你羡慕长江流水之不尽，明月光辉之长存。这就看你从什么角度、以什么为比照为参考物来看问题了。从变动不羁的观点看，长江与明月也是变动不羁的，从物质不灭能量不灭的观点来看，我们与这个世界都是长存永在的。

我个人的说法则是，与永恒与无穷大相比，我们只不过是零，与零相比，我们的生命完全通向永恒与无穷大。在弄通生死问题上，哲学、文学、数学，都有用。

因为死而视人生为虚无虚空荒谬，本身就是荒谬绝伦。无死无所谓生，无生无所谓死。生通向死，死来自生，死了还有记忆有影响，说是活在我们心里，很实在。一百万、千万、亿万年也是一分钟一分钟地过去与过来的，一分钟有一分钟的意义，一辈子有一辈子的意义，回想与记忆有回想与记忆的意义。死亡是生的完成，生是走向完成，死了当然悲哀，悲哀也照样得死，晚年痛感虚空，其实您老人家也虚无不到哪里去，不如庆幸有幸活了一番，酸甜苦辣、喜怒哀乐、雁过留声、人过留名、心过留情，找不到重样的地球与地球人，非同一般的特色中华，万岁！

文人墨客、作家诗人，舞文弄墨、咬文嚼字，化悲为喜、化思为文，写出了感叹与自解、无奈与有词，千百年后还有人击节赞赏、引为同调。也算不白活一场喽。

英雄烈士的生死大义

一般地说，人们希望终其天年，有所建树成就，有所经历感动，尽尝人间百味，少有遗憾地含笑归去。

但人生也会遇到重大的考验，会遇到比生命更重要的价值、终极价值的维护与殉道的可能与必须、壮烈与伟大。

都知道文天祥的《正气歌》中的名句："是气所旁薄，凛烈万古存。当其贯日月，生死安足论。地维赖以立，天柱赖以尊。"是的，此正气，浩然高大，覆盖万方，凌厉壮烈，万古长存，贯通日月，睥睨生死，天赖之以为天柱，地赖之以为纲绳，天地之成为天地，人生之成为人生，离不开磅礴之正气。

文天祥的诗句"人生自古谁无死，留取丹心照汗青"，更是简明有力，他的意思是生的意义恰恰在于看你的死后是否万古流芳，光耀史册。

睥睨生死四字，使人难免想到托马斯·曼对于歌德《浮士德》的评说："博学多才的浮士德博士，睥睨生死，穷宇宙知识之极限。"浮士德更引人注目的是，他批判宗教，同时又追求类似宗教的终极信仰激情。

李清照诗云："生当作人杰，死亦为鬼雄。至今思项羽，

不肯过江东。"（《夏日绝句》）而明代民族英雄于谦的诗句
"千锤万凿出深山，烈火焚烧若等闲。粉骨碎身浑不怕，要留
清白在人间"（《石灰吟》），更是以道义的坚持、名节的保
全为准绳，来选择生或死，道义第一，生存第二。

　　他们都是以英雄主义战胜死亡的威胁，战胜对于死亡的恐惧。

　　到了中国共产党领导的人民革命中，英烈们对于生死的认
识更加勇敢而淡定，瞿秋白被杀害时所说的"此地甚好"，夏
明翰的《就义诗》"砍头不要紧，只要主义真。杀了夏明翰，
还有后来人"，永垂不朽。

　　陈毅元帅的《梅岭三章》，在英烈型的生死作品中光芒
万丈：

　　　　　断头今日意如何？创业艰难百战多。

　　　　　此去泉台招旧部，旌旗十万斩阎罗。

　　　　　南国烽烟正十年，此头须向国门悬。

　　　　　后死诸君多努力，捷报飞来当纸钱。

　　　　　投生革命即为家，血雨腥风应有涯。

　　　　　取义成仁今日事，人间遍种自由花。

以豪迈、坚强、潇洒、风流的姿态面对死亡，做好了就义的准

备，行云流水、挥洒自如地写出了这样的明白如话而又巍峨崇高、宏伟真挚的大诗，可说是诗中一绝，生死文章一绝。

佛禅等关于生死的说法

民间还有各种关于生死的说法：如"二十年后又是一条好汉"，这也许在一定程度上是受到了佛教灵魂不灭论的影响，说是此生死了不要紧，还可以转世投胎，经过二十年又长成一条好汉了。此话从阿Q嘴里说出来，则让人感到如此辛酸，他真是麻木不仁、愚昧无知。再见吧，老Q！毕竟是今非昔比，换了人间！

还有"好死不如赖活着"，是教人忍耐、惜命，宁可委曲求全，不要愤而自尽。当然无尊严无原则地苟活，是很低级的说法，只知贪生怕死，沦落为卑贱乃至恶劣、恶毒、下流、无耻，也是触目惊心、令人不齿的。

北京土话中关于死亡的说法达数十种，老了、走了、过去了、没了、升天了……是对于死字的避讳，而蹰了、蹬了、

嗝儿了、伸腿瞪眼了、嗝儿屁了、嗝儿屁着凉了、嗝儿屁着凉
大海棠了、听蛐蛐叫去了、听蝲蝲蛄叫去了、吹了、吹灯拔蜡
了……则带有无可奈何的自嘲和游戏感。正如我谈到幽默时的
一个说法，一个"戏说"："泪尽则喜"。

更叫人哭笑不得的是，最近看到网络上一个说法，嗝儿屁
并不是京油子说一个人死亡时打嗝儿放屁的失态的悲哀，而是来
自八国联军侵占北京时的德军所讲"击毙"的德语发音，原文是
"krepieren"，这未免可笑可耻，却又令人"细思极恐"。

而在文字特别是追悼吊唁的文字中也有许多雅致的说法，
如驾鹤西去、仙逝、长逝、逝世、去世、过世、辞世、永别、
长眠、告别、安息，还有带有宗教意味的归天、寂灭、圆寂、
涅槃等，使后死者看了听了不无安慰。

佛学的一个重点是讲生死的道理，其深奥处非我所能置喙，
但佛陀深感人间生老病死之苦，意在看穿一切，空无化虚空化
一切色身生命现象，修行克服一切嗔怨烦恼，灭绝一切爱欲喜
怒哀乐，用死活不认的决绝超越生死，避开恋生惧死，视凡人
对于死亡的恐惧为毒瘤，用内功心功与十二因缘、十二因由的
神秘逻辑，将你从生死之忧闷纠结中引开，远走高飞，一个筋
斗云脱离尘世十万八千里，让你从神秘、抽象、玄虚的无明、
行、识、名色、六入、触、受、爱、取、有、生及老死十二个

环节中研讨人生中一切痛苦的大悲性、因果性与长远性，虚空性、痴迷性与可破除性，从而得到觉悟，得到正法，得到自在，得到般若即智慧带来的无上欢喜。

思想，科学的与神秘的，玄而又玄、众妙之门的思想，日常的与深不见底的绝门思想，也是人获得自解之福的秘径之一种。

脱口秀中的生死论举世无双

民间谈生死，极精彩的是方清平先生的脱口秀《长生不老》，说的是到了他的重重重重孙子时代，每个人都注射了不死疫苗，使细胞获得了超强再生能力，做到了长生不老。世界人口激增、禁止生育，而地球上的楼房最矮的是两万层，顶层居民遛狗，下到一层，需时一个月。年龄超过两万岁的，一律缴纳地球资源浪费税，夫妻同居万年，情话说过亿次，彼此听得恶心，更换婚配对象已经两轮。人人是求死不得，找完西医找中医，挂号预约到二百五十年后，只好花钱买黄牛的号，开了两盒"伸腿瞪眼丸"，效果可疑。

然后话锋一转，说是彼时人人活得灰心丧气，只有方清平的粉丝，坚持活下去等待方某出名的那一天。从嘲笑不死的妄想，转到嘲笑自己的出名无日，方先生至少在北京曲艺界，已经够份儿了。

此节目开始时也有一句妙语，说是他希望自己成为一条鱼，鱼类的记忆力只有 7 秒钟，它们不会患抑郁症。

方氏的这段单口儿，把生死大事说得这样透辟，出神入化，深入浅出，字字点到穴位，针针扎出乌血，醍醐灌顶，当头棒喝，古今中外，前所未有。他应该获得单口奖、脱口奖、喜剧奖、哲学奖、心理学奖、逻辑奖和数学—微积分奖。

简明的结语

生老病死，生而后死，是天道，是大道，是大自然的不可变易的规律，人能够做到的是好好活，健康地活，文明地活，尽可能快乐与有意义地活，尽量避免由于荒谬、迷信、愚蠢、压迫、剥削、失误而自损生活质量与寿命。

人的出生是自然现象，人生的目的则是人文价值、社会价值课题。正确的世界、人生、价值三观，利国利民、利人类命运共同体、利生活质量、利世道人心，就是有意义的。你做得越好，你的人生意义越大；你做得越差，你的人生意义越小。你私欲如火，后果是你煎熬如地狱，愤懑如癫狂。你贡献如山，你工作如牛，你所求一般般，你幸福充实、欢欣慰藉。

生命值得珍贵，生活无价。无价还要追求更高更美更光辉的价值，那就要看你的心胸、追求与格调。人生值得努力过好，生活质量需要不断提高，人格需要完善再完善，喜怒哀乐值得去体验，艰难险阻值得我们去奋斗克服，顺逆通塞都在考验试炼丰富充实我们的人生。进退起伏都是移步换景、引人入胜。人生如冲浪、如跑马拉松、如博弈、如耕作、如拼刺刀、如绣花写文章、如烧砖备料盖房，困难无穷、努力无穷、变化无穷、成败无穷、事业无穷、花样无穷，歇息、因应、调整、试验，屡战屡败、屡败屡战、败而终胜、胜而再战、海纳百川、壁立千仞，时时庆祝大胜、时时从零开始。奋斗无穷、其乐无穷，一直到了儿，善始善终。

活着的人都是出自父精母卵，被母亲生养下来的。长大成人，学习进步，健康茁壮，贡献人民，贡献家国，贡献人类，成熟衰老，老而弥坚，老而弥先，面对老死，心态平稳从容。

完成自己的使命，终结自己的努力，回归大自然，回归天地，仰无愧于天，俯无愧于地，行无愧于人，止无愧于心，呱呱而来，含笑而去，有什么为难的呢？

那么青少年呢？青春是无价的财富，时间是最宝贵的资源，年龄是催促也是挑战。没有比规划未来、追求未来、期待未来、创造未来、苦干未来更重要的幸福人生阶段了。

能够做到的，不做就是自毁。未必一定能做到的，也要去拼一拼，试一试。没有做到冠军也许是亚军；没有入围，也留下了拼搏入围的汗水与血迹，也给自己、给亲朋好友，给对自己不友好的人留下了奋斗一生的勤奋与志气，留下了虽败犹荣的风姿。生为一个人、好人、活人、正经人，活过了，热恋过了，拼过了，咬过牙了，拥抱了也享受了人生人爱人拼人胜人负人老人死，你活出了"全（部）活（计）"了。

好啊，多么好！（马雅可夫斯基）

第二章

天地

天地观是文化的重心

在中华传统文化中，最阔大而又直观的概念是天、天地，最高远的终极性概念是道或天道，最本原的概念是从天地万物的生生灭灭中得到启示的"无"与"有"。

无、无极、无而后有。因为后来有了"有"，才感觉得到、谈得到原生的或将要变化成"有"或"万"有的无。你知道有人有了财富，或者你自己有过财富，你才能感受到没有财富的背兴。你原来没有什么财富，才可能感受到获得财富的兴奋。一个过去、现在、未来都没有的东西，谈不上无、没有、无极，也谈不上有、非无与太极。一个过去现在未来都一定有的东西，你以为永远有的东西，一般你也不会专门讨论到它的有。而无会延伸与比较到有，有延伸为太极、四象、八卦，万有、万物。

无与有、有与无，万物万象之间的桥梁与管道应该是"易"。

最根本的人文概念、道德概念是仁，仁义、仁政、仁心、仁人、仁者。仁者爱人。*

仁就是爱，仁与爱则是受到天与地的生生不息的大德的启悟与感应。某种意义上，对于士人来说，天地的概念、有无的概念、仁义的概念，比生死的概念更重要、更伟大、更深刻、更高远。

天地无垠

在中文里，天地就是世界，就是宇宙，就是人对自己的大环境的感受，就是人心、人的精神所能感知、认知与想象的最大、最高、最远、最包含涵盖一切的空间与超空间，甚至还包含了时间的稳定、强大、冷峻与恒久。

天地是中华传统文化的一个最大的自然性、自在性、物质

* 君子所以异于人者，以其存心也。君子以仁存心，以礼存心。仁者爱人，有礼者敬人。

《孟子·离娄章句下》

性概念、物质性认知；同时是人文概念，是伟大高尚、壮阔正道必须敬畏、信服、崇拜的类似西文"上帝"的同义语，是神性概念、终极概念，至高无上、至大无外的概念。天地还是原生概念、先验概念、无可置疑概念、无可亵渎概念。它是中华文化的一个概念实体、存在客体、物质实存；又是人的一个笼统、大美大善大仁的概念，是人的概念延伸、概念聚合、概念升华、概念大神。

顺便说一下，中华高端文化的崇拜与信仰，不是民间的多神、人格神与神格人，而是那些伟大的概念：大道、天道、一、天、仁……这个问题后面还要专讲。

中华天地观

"天行健，君子以自强不息；地势坤，君子以厚德载物。"《周易》上的这两句话，可以说是中华文化传统天地观的总纲。首先，它是物质的，天象、天气、天文、季节、寒暑、昼夜时时在运动变化之中，而地上，承载着万物的重量，承载着各种地形地貌地质结构，承载山川、大漠、丘陵、盆地、城乡、道路、舟车、建筑……这是不言自明的。

自强不息，强调的是进取，是动态，是勇敢向上；厚德载物，强调的是容养，是静态，是沉稳担当。二者互通、互济、互补，又各有侧面。

从天地衍生的更大概念是阴阳，阴阳包括了天地与万有的一切，包括了实存的天地，与未必实存的神鬼、气数、命理、灵魂、符瑞、报应、吉凶，包括伟大的天地与一切对于天地、终极、"上帝"的质疑、反叛、突破的幻念与冲击。

将天地的特色与功效总结为自强不息与厚德载物，就赋予天地大自然的存在以美德符号、美德表率、美德源头性质，赋予天地以人文性、教化性、终极性，成为儒家仁义道德的标尺与根据，又赋予道德教化以先验性、崇高性、宏伟性、必然性乃至绝对性，是道德教化的范式与信仰崇拜的对象。天地自然、道德教化、神性崇拜，三位一体，循环论证，互相补充演绎。

天地是原有的、终有的、总有的存在，而中华文化特别注意去发现、去解读天地诸现象诸状态诸变化对于人的符号——哲学符号、道德符号、政治符号、命运符号乃至军事符号——的意义，意蕴深长、韵味淳厚。

观星象，可以预知王朝气数、战役胜败、人物吉凶。体四时百物，可以感苍天之辛苦周全、自强坚定、生生不息、刚强沉稳有力。观地貌，感动于大地之坚忍负重，沉静有定，负载承担、提供万物存活的必要支持与条件。

从天地的变化与不变，变去又变回，有因与无因，有果与无果中，体会感悟万事万物的逝者如斯、不舍昼夜、与时俱化、有常无常、大美不言、变而后返的道法、道术、道心。

天地少言

孔子说："天何言哉？四时行焉，百物生焉，天何言哉？"（《论语·阳货篇第十七》）第一是天生万物，一切生命的起源是天，更周到与完整地说是"天地"，一切变化运作来自天心天意。如果将天地作为大自然来理解，这话今天也是真理。加上"何言哉"，原来老天甚至还具备了埋头实干的美德，故而孔子不喜欢巧言令色，主张人应该"讷于言而敏于行"（《论语·里仁篇第四》）。

司马迁的父亲司马谈批评说："儒者博而寡要，劳而少功"*，老子的说法是"失道而后德，失德而后仁，失仁而后义，失义而后礼"（《道德经》第三十八章）。这里边都有批评儒家道德说教太多、太泛、太聒噪的用意，秦始皇更是讨厌儒者的挑剔性空论。直至今日我们也都公认"空谈误国，实干兴邦"。

孔子其实也表达了对于少说多做的推崇。一方面向往不言之教、不言之功，一方面不得不说许多话，不能不说太多的话，这是古今中外权威大人物的共同感慨、共同悖论。

老庄也一样，无为、不争、齐物、无用、虚静，说得极妙，无永远比有更深邃、更奥妙，而一切有都不可能绝对尽善尽美，都有可挑剔处，更有可非议、可抬杠、可攻击处。同时，老子庄子二人的文章神妙无穷，语出惊人、逆向思维，是语言大师、思想大师、文章与文学的大师。

人的修养也要讲究说与不说、做与不做。

---

* 　儒者博而寡要，劳而少功，是以其事难尽从；然其序君臣父子之礼，列夫妇长幼之别，不可易也。墨者俭而难遵，是以其事不可遍循；然其强本节用，不可废也。

　　　　　　　　　　　《史记·太史公自序》

天命

孔子讲"五十而知天命"（《论语·为政篇第二》）。古代典籍与荀子、屈原、陶渊明、欧阳修等大家的著述中多用此语，是指上天决定着、干预着与安排着人的命运。国人还喜欢说："尽人事，听天命"，说明人的努力还是要的，但"谋事在人，成事在天"，认为有一个不依人的意志为转移的天—天命—世界—大道，主宰着推动着一切。人为的努力，合乎天道天命则事半功倍、兴旺发达、功成事就、如有神助，违背天道天命，则事与愿违、八方碰壁、自取其辱。

天命云云，极接近现在的说法，叫作客观的与历史的规律，它们起着重要的关键的决定性作用。我们古人讲的"天命"或者天心、天意，在当年苏联的说法中，差不多就称为"时代的威严命令"，你必须听取、必须服从、必须把握，顺之则昌，逆之则亡，知之者慧明，不知者愚晦。人们在世界上立论与行事行文的主体，应该是天命，是历史规律，是时代的威严命令，所以牛气冲天，所以战无不胜。

天行健，地势坤，这个说法极高妙有创意，别具特色。它像是文学修辞，比兴想象、形象思维。从四时四季，万物生长，联想到自强不息的健美品质，从承载众物、支撑万有，联系到厚道积德、忍辱负重的品性。这又像是数学的编码，从本来未必有序有定的变化与数量互动关系中，托出规律、法则、大数据来。

这还可以视为直观、灵感式判断，猜测式、猜谜式接受暗示、影射式判断，是绝妙的、有趣的、启发性开放性的，却又是非逻辑非唯一非必然的。四时行焉，是健康的阳刚之气，但也可以从水旱灾害里体会天怒的无常与冷酷，负重无言，是厚德沉稳，但也可以体会成无奈无觉无语无力无能。天何言哉？人何知乎？

性善论与天善论地善论

这里需要的是与性善论一样的天善论、地善论，人、神、自然，大家俱善论。必须是你好我好天好地好个个都好，不然，底下的戏全部完蛋。老子拼命反对儒家的啰唆，但最后也得承认，"天道无亲，常与善人"（《道德经》第七十九章）。为了突出道，他把德、仁、义、礼都一通嘲笑，最后他除了道外还必须承认善。而别的方面的奇葩论手庄周，居然也步孔子的赞叹说什么"天地有大美而不言"（《庄子·外篇·知北游第二十二》），比孔子说得还美好、文学。老庄都爱否定，终于也承认了道、善、美。老子说过："天下皆知美之为美，斯恶已，皆知善之为善，斯不善已。"（《道德经》第二章）

与对于天地的说法一样高妙独特的是孔子的"知者乐水，仁者乐山"，"知者乐，仁者寿"（《论语·雍也篇第六》）。这也是独树一帜的比喻、联想、直观、编码，接受暗示、猜谜、想象思维。山高耸、稳定，以之形容仁与寿，靠谱。水灵动、更新、映射、清爽、柔润、适应，以之表现智慧，也很动人。天地山水，就这样把自然性、物质性、形象性、人文性、暗示性、道德性、文学性、语词性、原始性、终极性、启悟性、神性，都结合到一起了。这样的思想方法、描绘方法、论证方法与传播方法，也令后人叹为观止了。

天命至高，离不开人的努力

荀子的天命观就更积极、更富于人的主体性。他提倡的是"制天命而用之"（《荀子·天论》），令人想起的是俄国早期马克思主义理论家普列汉诺夫提出的"越是掌握客观的社会与历史发展规律，越能够充分发挥人的能动性"，与荀子理念相近。

天最伟大，天让人努力奋斗；天性善良，人更要仁义道德。天人合一，讲起来不费吹灰之力。

子在川上曰："逝者如斯夫，不舍昼夜。"说的是地上的大河，这也是孔子对人、对于天地的观感。这里包含了面对时间的流逝，人们所产生的对于生命的珍惜与嗟叹，天地在催促圣贤、君臣、士大夫、君子，做好自己应该做的事情。这里有一种悲情的使命感，富有一种绝对的，不仅是自在，而且更重要的是自觉与自为的责任担当、对人生内涵的把握。

孔子又在说到颜渊死的时候长叹"噫！天丧予！天丧予！"（《论语·先进篇第十一》），他在悲天、怒天、怨天。当然，这只是一种民间化的情感表达方式，是抒发悲伤，或许并不代表什么不同的认知与见解。但孔子在此仍然流露着对于生者的督促与劝诫。那么好的颜回去世了，我们这些幸存者应该怎样地珍惜生命，多做修齐治平的好事情啊！

感慨天地，千言万语

中华传统文化不太讲究学科分类，中华诗文中，对于天地的感受思考，包含着多方面的内容。中华文化讲天地观，更抒发千千万万的天地感。感中观，观中感，是中华文化的特色。

"前不见古人，后不见来者。念天地之悠悠，独怆然而涕下。"陈子昂的著名的《登幽州台歌》讲的是天地的无穷大性质，在无穷大面前，人生显得渺小，令人充满对于天地的悠悠感。悠悠是什么？长远、悠久、遥远、众多，因其终极与无穷而显得刺激乃至荒谬。

而且陈子昂还将空间与时间的两个悠悠并且幽幽的感受，统到一起来了。

"海上生明月，天涯共此时"（唐·张九龄《望月怀远》），"海内存知己，天涯若比邻"（唐·王勃《杜少府之任蜀州》），明月在天，沧海、知己、天涯与比邻在地，初唐王勃与盛唐张九龄早已有了地球村感慨，不是由于交通与信息的高速公路，而是由于月光与友谊。但是考虑到地球的形状与时差的存在，共此时说或有科学上的瑕疵。天文科学可能不利于月光诗情，但愿科学能唤起新的诗意。

"三十功名尘与土，八千里路云和月"，以岳飞名义流传下来的《满江红》词，则是个体的天地境遇、遭遇与经验。此词以尘、土、云、月，对于地与天的概述，代替与美化、深化对于自己的具体的军旅征讨的回味回顾，是事业的天地化，是生活经验的天地化，是政治与军事的艰难奋斗、历经时间空间的"离"的体验的天地化。

也可以说，这就是人的天地化，人生一辈子的天地化，什么叫一辈子？就是看了、想了、敬了、赞叹了一辈子天，枕了、立了、走了、亲近了，又告别了、想念了一辈子地，然后，回归天地，即告别天地、告别人间，留下或多或少的痕迹，回到与天地、与天道合而为一的状态。

人不仅是一个两条腿、五尺高的活物，人是天与地的产物，天与地的观察者、感受者、行动者与被启发、被激励者，是天与地的孩子，天地的依恋者与被庇护者，是到目前为止天地的唯一一份心意、一个笑容、一点深思、一滴眼泪。人不灰心丧气，人还会设想与追求成为天地的使命承担者与天道地理的解说者与护卫者。

南北朝乐府诗集里的《敕勒歌》写道："敕勒川，阴山下。天似穹庐，笼盖四野。天苍苍，野茫茫，风吹草低见牛羊。"这里也有苍苍、茫茫等接近"悠悠"的词眼，但更多了些亲切与温暖。将天视作牧民的毡房、帐篷、屋顶，这是比唐宋更古老、更近原生态的生民感受。

"行到水穷处，坐看云起时。偶然值林叟，谈笑无还期。"王维的诗句则是从水之终于穷尽，云之经常升空，获得超脱与淡定。酒色财气，喜怒哀乐，生离死别，胜负通塞，都可以视如天象，可能是自然现象，也可能是神学符码；都可以观赏、理解、猜谜、消化、注意或根本不必注意。更聪明的办法是从生活中、点滴中、人事中、变化中摸索天道天命，豁然开朗，永远明白，至少是自以为明白。

天与地的一切表现与变动，有尽与无尽，理解与费解，如此与如彼，都可以在人的接受中有所等待、旁观、预防、警惕与淡化、付诸一笑，也都可以在摇头与难以接受中先平静面对；可以设想水穷处的水并不一定消失，而可能是转为地下水，升高的也并不一定是云，而是两分钟后就会被风吹散的虚无缥缈的薄雾。

而最后两句呢，把淡定与超脱心态扩展到人事，对于一个好静的老人来说，遇到林间老叟，也只是偶然碰上罢了。*生活赶上什么算什么，水就是流着流着就没了，云霞升起更是天晓得升起或不升起是怎么回事，反正升完了也就没有了，不但没有成年累月之云，也少有三四个小时以上之云。谈笑了吗？谈笑的最高境界是与没有谈笑一样，没有话题，没有目的，没有预设，也没有备案，也就没有得失成败、希望失望、快活不快活，更不会说完了又后悔，也很少有必要说完话留下备忘录。

这里引用的王维诗句是《终南别业》的后四句，诗意偏于虚静与禅意。王维是一个诗意包罗宽阔多样的诗人，百姓的艰难、平民的生活、乡村生活的闲适、亲情与相思、山水的美丽迷人，他都能写透写美，类似的晚年半官半隐、平静淡化之作，只是他的诗作之一小类，作为天地观照，却也别成一格。

---

* 　《终南别业》
　　（唐）王维
中岁颇好道，晚家南山陲。
兴来每独往，胜事空自知。
行到水穷处，坐看云起时。
偶然值林叟，谈笑无还期。

对于天地，人应该保持敬畏也保持亲和，保持从顺也保持奋斗，保持关注也保持自立，保持轻松也保持淡定质朴的老农式的喜悦。

问天

天地同样是诗歌、文学、哲学并伸延到社会与人文学科中的一系列疑问、究诘、敬畏与赞叹，悲哀与激情。

人生活在天地间，却说不清道不明天地间的那么多现象、问题、设想、说法与关切。这方面表现得淋漓尽致的是屈原的《天问》。《天问》是一首大体以四个字一句为基本格式的长诗，提出了一百多个问题，其中问天文的近三十个，问地理的四十多个，问历史以及有关传说故事方面的九十多个。当然，这些疑问中抒发着诗人政治上的失意与激愤不平之气，但也确实地表达着人类对自己生存的环境与境遇的难以理解、难以接受。

有趣的是屈原受到了误解冤枉、排斥打击。"屈原放逐，乃赋《离骚》"（汉·司马迁《报任安书》），他没有在《离骚》中问政、问楚王、问排挤他的贵族，而是问天去了。如果他政躬康泰、日理万机呢？反而可能顾不上去找老天爷对话去。文章憎命达*，果然。

从屈原的问天中，我们还得到一个启发，在中华传统文化当中，我们头上的青天、苍穹、日月星、风雨电、白云彩霞，它的高大上久远的各个方面，就是我们文化中的自然之上帝，上帝之形象，是总负责、总方向舵的代表，是总制作的神性法人。它可以接受祈求赞美皈依敬爱，也可以接受提问质询迷惑抱怨悲情与遗憾。它管着一切、看着一切、听着一切、做着一切、为着一切，与无为着、无视着、无可奈何着一切的一切。

我们的先人，我们的老祖宗，我们的文化，怎么这样地会

---

* **《天末怀李白》**
（唐）杜甫
凉风起天末，君子意如何？
鸿雁几时到，江湖秋水多。
文章憎命达，魑魅喜人过。
应共冤魂语，投诗赠汨罗！

观天、闻天、敬天、感天、飞天、学天、顺天、承天、冲天、翻天、哭天、怨天、靠天、倚天、惊天、破天、补天啊！一个天，在中华文化中激活了多少思想念头猜测启示情感呼唤与响应啊！没有对于天的各种感情思想、言语说法、神思幻想，哪里会有中华文化、中华哲学、中华圣贤、中华诗歌、中华美术、中华故事和中华儿女子孙呢？

天地境界

　　大哲学家冯友兰人生的四个境界说，第一是自然境界，其实今日人们会说是本能境界：吃喝拉撒睡，食色性也，这曾经被认为是最低的境界。现在讨论起来，人们的观感会有些不同。长时期以来，工农庶民，一辈子为温饱而奋斗，为不至于饿死、冻死、淹死、晒死，即因缺少基本生活资料而死，为生存权而奋斗，为活着而吃尽苦头，为活不下去而革命造反。这个境界究竟算多么低还是并不低，恐怕还要研究，恐怕还可以有更多的探究空间与角度。

而从道家的"道法自然"观念、从现今世界执着于环境保护的人士的"后现代"对于工业文明的批判的观点、从唯物主义的观点来看，"自然"是一个日益崇高化伟大化根本化的范畴。

第二个境界是功利境界，这应该是基本解决温饱之后的事。追求所谓鼻子底下的蝇头小利，也仍然有饿死苦死的阴影在身后驱动。这与本人的智力、教育程度、能力有关，在正常的社会环境下，大批人士是功利境界的人，他们的功利当然利己，但也有时依赖于并有功于利人利家利国。

第三个境界是道德境界，窃以为具有道德境界的人也多半是解决了温饱并小有生存与事业资源的人，还有就是为了道义理念不惜放弃与牺牲已有的一切的人，或者是各种不满于世界现状的志士烈士群体。他们做到了视道德高于生命，视道义使命和奉献精神高于一切，杀身成仁、舍生取义、公而忘私、一腔热血、先人后己、匹夫有责、民胞物与、视死如归、万古流芳、浩气千秋、舍己为人、高风亮节、为民请命、以身许国、春秋大义、精忠报国，种种美德，脍炙人口。

应该说道德境界，是君子境界，是国士境界，是士大夫境界，是公卿境界，是国之干城境界，是为政以德、以德治国、得民心得天下、王道仁政境界，乃至于是唐尧虞舜夏禹商汤文武周公仲尼的境界，是内圣外王的境界，是中华传统主流文化的境界。

道德境界也是苦行境界、献身境界、圣贤境界、舍身境界，不管在什么样的恶劣环境、俗恶世风下，总有一些这样的人，黄钟大吕、彪炳永世，照亮黑暗、振奋人心，使人们看到希望。

第四也就是最高的，乃是天地境界。就是说不仅是人文的，而且是扩而大之、饱而满之、周而全之、遍而及之、久而永之的境界。是天上三光日月星，地上三山五岳峰、人民万物全有致、内圣外王永太平的使命、责任、义务、关注、思考、劳作境界。

天地者，这里不但有人伦道德、仁者爱人，而且有天地义理，爱天补天，护地惜地，日月光华，四时吉庆，也有各种灾异，一切的一切都在启示你砥砺你，也可能谴责你警示你，你的重任在肩，良心良知良能在身，天正降大任于斯人，你需要的是对天地负责，对日月负责，对万物负责，对天下负责，对生民负责，也要对祖宗与子孙万代负责。

天地境界说极有感染力冲击力，它是更高的道德感受，是哲学直至神学的伟大崇高范畴，是数学的通向无穷与永恒的时间空间范畴，是科学的面对世界与人生的真理范畴，是诗学文学的感情化审美化语言符号的升华扩展与再升华再扩展，是悠悠此生此情、永生永情的诗性词眼，它也是一种中华式的神性幻想与崇拜。它略显宏泛、大而化之，然而既可视可触可感，又可以无所不包，找不到更合适的词来代替。

天地境界的说法教育我们，人生虽然短促，人身虽然渺小，人的境界是可以提升与扩大的，人不应该仅仅为了自己而活着，人应该默默地体察世界、天地、天地间的一切对自己的期待，默默地完成着自己对于天地、世界、人类、同胞、祖国、故乡、生灵万物的义务担当，有所发展，有所贡献，有所创造，有所事功，有所播种、影响与遗爱。

不同境界的人创造着、贡献着、享受着或者煎熬着、浪费着、败坏着不同的人生。

天地与中华文化的整合性

从先秦到冯友兰的天地观、天地说、天地感、天地吟，直到天地境界说，是哲学、伦理学，也是文学、人学，是三观也是感慨，是民间通俗也是士大夫悠悠幽幽、乘风飞去、高处不胜寒，是形而下也是形而上，是唯物也是唯心，是世俗也是准宗教，是格物致知也是直观顿悟，是一些理论观点，也是感情飞舞，是随意性情，也是一种有中国特色的整合思路。

天地境界说，也是人的一种自勉、自尊、自信、自爱，是对于自我与三观的扩大、提升与丰富。人不仅是几十年寿命、百十斤的身体，多数人的微薄、少数人的富足的财产与死后撰写的那点简历，人是来自天地的精灵，担负着天地赋予的使命，是尽着对于天地、万物、众生的责任，小小一个人，扩充为天地古今——大哉，天地境界！

第三章

三才

从天地到天地人

前面我们已经讲到了天地，现在还要专门提出中华传统文化的"三才"——天、地、人三元理念，尤其是，这里要做的是对天人合一、天人感应，天理、天心、天命、天机、天意、天谴、天网，天时、地利、人和，天地良心、天官赐福、天亡我也，这些将天与地与人的三而一、三而二、三而三的思路，进一步予以探讨。

三元三才，它们最具中华传统三观特色，其重要性与根本性，我认为是超出了许多其他重要与有趣的说法。

三才天地人

三才就是世界的三个界面，三个大系统，三个大品类，三个元素，三个"格"——质性：天、地、人。

古人的觉察与分析告诉我们，头上有天，脚下有地，生死在天，衣食住行与亡后葬身在地，活人死人一刻也离不开天与地。到了今天，人的能力离地越来越远，但太空遨游也是靠地上的提供、支持、引领，当然游完了还得回到地上。而天与地离开人，至少也是一时，只会剩下死寂静灭孤忘空，天地中的灵性、仁爱、烦恼、智慧、善恶、悲喜……尽在人为。

三才的表述无可置疑，缺一不可。

《周易·系辞》说："有天道焉，有人道焉，有地道焉。兼三才而两之，故六；六者非它也，三才之道也。"

天地人三个方面，各有法则、规律、特色、地位、作用。各"才"又一分为二，三二翻一番，乃为六：天有阴阳，地有刚柔，人有仁义，乃成六个元素。

这里要解释一下，阴阳与刚柔，都是两方面的对立统一，相反相成，而仁与义则似乎是相伴相生，一而二，二而一，可以互相取代的，将仁义与阴阳刚柔并列，不免有点别扭。但认真地说，仁讲的是恻隐之心、不忍之心，讲的是近乎先天的人性温情脉脉、深情浓浓、怜悯恻恻、亲爱温柔。而义这里讲的是义理，是大原则，什么春秋大义、大义凛然、大义灭亲、晓以大义、微言大义、义不容辞；所指的是带有某种冷峻性客观性钢铁性的理性大道理、大原则、大纲纪；是后天的，是需要圣贤、圣王、内圣外王，一直到公卿、君子、国士、大丈夫们的发见、构建、论述、制定、坚持、严守的，是需要条理化、规范化、律令化的。

当然，仁与义云云，同时仍然包含着情与理、本性与教化的矛盾统一，相辅相成。

孟子则讲"天时，地利，人和"，还讲"天时不如地利，地利不如人和"。就是说天地人三才中，孟子更重视的是人事，人间的诸种问题还是要靠人来解决。发展一步，就是"得道多助，失道寡助"的著名论断。当然，得道多助现象是众人、民人、高人助之，同时，助得越大发，越加呈现出天地助之之气势。一个朝代的开始，一件大事的成功，一个匡时济世、万世师表的伟人的出现，如得天助。当然，有时伟人与他率领的精英群体，也饱受天地的考验磨难，千辛万苦，终获成果，更显示了成功者的伟大辉煌，仍然会被理解为是应势而起而动的伟人精英得到天助地佑。

而所谓被圣王伟人获得的那个道，又常常被解释为先验的天道，天与人与地需要互相论证、循环论证、伸延论证，这正是三才说的奥妙所在。

我们印象深刻的天地人三才说法，还频频出现于曲艺茶肆里的定场诗："曹孟德占天时，人称魁首；吴孙权得地利，驾坐龙楼；汉刘备占人和，拼命交友，只落得，没有个安身地，四处漂流。"

与孟子不同，民间曲艺的上述说法不无对"人和"的轻嘲，而《三国演义》小说虽然更同情蜀汉刘关张诸葛亮，仍然不掩饰且生动刺激地写出了汉刘备的窘态。

按，陈寿的《三国志》对于诸葛亮"隆中对"的描写，特别提出了"曹操比于袁绍，则名微而众寡，然操遂能克绍，以弱为强者，非惟天时，抑亦人谋也"，还有"孙权据有江东，已历三世，国险而民附，贤能为之用，此可以为援而不可图也"。

就是说，袁绍也与曹操一样具有挟天子以令诸侯的"天时"，而且兵多将广，远胜曹氏，结果为曹所取代，说明仅靠天时是不行的，还要靠人的谋略。而孙权的难以摇撼的地位，也不仅仅来自长江天险，更在于"贤能为之用"。也就是说，陈寿不赞成用简单的三分法为三国格局定性。但是中国民间显然很喜欢古老的天地人三才的概括方法，结合东汉三足鼎立形势，用三才说予以描绘，很通俗分明甚至有趣。三国三分三才之说，几成公论。

民间的说法还有"尽人事，听天命"与"谋事在人，成事在天"。说明人的主观努力不可或缺，同时人的主观努力可能成为成败利钝的关键因素，但仍然不是最终的与足够充分的决定因素，还有各种外在乃至偶然的因素会出现，它们可能干扰或加入事件，促进或者障碍、玉成或者破坏历史事功，会影响一件事情的最终结果与事后发展。

时至 21 世纪，我们可以这样理解：天时是指历史规律、世界大势、时代课题与潮流、现代化，地利是指接不接地气、能不能做到本土化、符合不符合国情，人和是指拢不拢人心、民心，有没有出色的引领人物。

一二三

传统文化尚一，孔子是"吾道一以贯之"（《论语·里仁篇第四》），孟子是天下"定于一"（《孟子·梁惠王章句上》），墨子讲"一同天下之义"（《墨子·尚同中》），荀子讲"一天下，财万物，长养人民"（《荀子·非十二子》），老子讲"天得一以清……侯王得一以为天下贞"（《道德经》第三十九章）。

马克思回答女儿说，他的特点是"目标始终如一"。

而在古老的传统中，有时"二"字的使用有负面与挑战的意义。如二心、忠心不二、不二法门。到现在，口语俚语中称呼冒失者为"二"，有嘲笑含义。

《三字经》："三才者，天地人。三光者，日月星。""三"这个数字，在传统文化中，也是极为重要的一个概念：三朝元老、三跪九叩、三顾茅庐、三人行必有吾师、三省吾身、三思而行、三分天下、三足鼎立、事不过三、三教九流、三言两语、三过其门而不入、三叠阳关、三阳开泰……

尤其是老子的"一生二，二生三，三生万物"之说，抓到了根本，有一就有矛盾的另一面，是谓生二，有矛盾二方面的互动，就有新的"三"出现，乃生生不已，万物生焉。

陕北红色歌曲《高楼万丈平地起》唱道："天上三光日月星，地上五谷万物生，来了咱们的毛主席，来了咱们的毛主席，挖掉了苦根翻了身，翻了身。"

三才天地人之说，已经扎根到了古往今来的中国人的生活情感的各个方面之中。某种意义上，三的哲学化补充了一与二、分裂与联合、零和与双赢的哲学模式。尤其在统战、公关、外交、政治生活中，有时三的意义是巨大的，它带来妥协与折中，带来了另觅新径的可能。革命运动中的第三条路线，会引起轻蔑与反感，甚至是对"三"的政治与道德品格的怀疑，但有时也带来理性与创意。

老子的天地人观

道德经上的一个根本性说法是："一生二，二生三，三生万物。"（《道德经》第四十二章）

这是老子的数理哲学：一就是天，就是阳，就是道，二就是地，就是阴——牝，有时就是器（与道对比）。更重要的是，三就是人，就是知（智），就是德性与心思欲望，人的主观因素。

也可以解读为：一是正，二是反，三是合。正反合的说法出自黑格尔，出自否定之否定的辩证法法则。中华传统文化早已经有类似的思路。

还可以更简明地理解为，一是夫，二是妇，三是子女。一与二的矛盾统一，诞生了新的生命，生生不已，乃有世界。

老子的另一个根本性说法是："人法地，地法天，天法道，道法自然。"（《道德经》第二十五章）

人，师法遵循大地的美德、形势与法则：忍辱负重，担当义务，埋头苦干，生长兴旺，繁殖传承，随形就势，因地制宜，脚踏实地。

人法地，就是人要接地气、拢人气，重农田水利、不语怪力乱神、回避巧言令色——伸展到这里，道儒也可以合一了。

地师法与遵循上天的美德与要求：广施雨露，高瞻远瞩，风云变化，威严有定，把握气数命理，四时万物，具有好生之德，天道无亲，常与善人，天无绝人之路，有常无常，有变化也有定规，无为无不为，疏而不失。

天要师法与遵循大道的大美与法则："寂兮寥兮，独立不改，周行而不怠，可以为天下母"，不依人的意志为转移，永远运行，永不停息，道德孕育化生着万物；"大曰逝，逝曰远，远曰反"（《道德经》第二十五章）。覆盖一切，无所不包，不断变化，不断流逝，量变质变，以新代旧，新生事物不断返回原质。"反者道之动，弱者道之用"，"万物生于有，有生于无"（《道德经》第四十章）。"为学日益，为道日损。损之又损，以至于无为。"（《道德经》第四十八章）反复变化运转，以强胜弱，以弱胜强，需要加速也需要制动，不知不觉，天下大变。"大道至简"：以简胜繁，以少胜多，以无为自守，胜缘木求鱼、胜扰民添乱、胜焦躁混乱与适得其反。

道师法的是自然：自然而然、自己存在、自己运动、自己变化、自己生长、自己灭亡、自成生命、自成体例、自有道理，自有特色。"祸兮福之所倚，福兮祸之所伏。孰知其极？其无正？正复为奇，善复为妖。"（《道德经》第五十八章）事物都会走向自己的反面，没有绝对的与永恒的不变、绝对的与永恒的端正。"希言自然",道是自然而然地运行与存在的,不需要忽悠聒噪。"飘风不终朝,骤雨不终日。孰为此者?天地。天地尚不能久,而况于人乎?"(《道德经》第二十三章)故从事于道者,同于道;万物自有道理,各安其位,各变其化。闹哄得越大,越极端,越难以持久。老子主张无论做什么,适可而止,见好就收。

大道自然而然

自然提供的真理真相,是事物向着相反的方向转化,自然就是自己存在,自己运动,自己调整变化,自己出新出生,自己老旧寂灭。物极必反,风雨狂暴到极致了就会停歇,福大了成祸,祸大了孕育着好运。有来自无,无来自有,自然无须多话多辩多劳多为,理解与放行万事万物的存在与变化,这就是自然,这就是大道。这就是天地对于人的态度,天地给世人提供榜样与暗示,但并不搞提线按钮式操作,这就是天道、圣贤之道。

这里,天、地、人,统一在自然二字上,这里的自然与冯友兰氏贬低的"自然境界"中的自然，所指不同。冯氏贬低的自然是指人性的本能层面、非文化层面。而老子推崇的自然是道的根本属性，是人的根本属性，是地的根本属性也是天的根本属性。是什么就是什么，变什么就变什么，不是什么就不是什么，不变什么就不变什么，需要什么就去寻找或尝试什么，不需要什么就忽略什么忘记什么或暂时挂起什么，成全什么就成全什么，毁坏什么就毁坏什么。

老子所要贬低的是人的私欲、野心、贪婪，轻举妄动、缘木求鱼、无事生非、扰民害己、痴心妄想、适得其反、千辛万苦、自取灭亡。

老子还有一种超前的文化批判主义倾向，文化在带来了人生的丰富与幸福的同时，也会产生戕害人的自然本性的画地为牢、名教杀人、扭曲变态、庸人自扰、杞人忧天、装腔作势，假大空、伪诈欺世。如龚自珍的《病梅馆记》所述，根据一帮子文人画士的"孤癖之隐"，培育梅花牟利的人，面对梅树梅花，"斫其正，养其旁条，删其密，夭其稚枝，锄其直，遏其生气"，把梅花整得半死不活、痛苦不堪。

另外文化为人类寻找捷径，取代人的某些体能智能，会造成人的本体的弱化。交通越方便越发达，人的行路与奔跑能力就可能越差，电脑越发达方便，人越会趋向思维的平面化碎片化，阅读愈益浏览化，头脑愈益低智化。老子对于自然的推崇，对此有一定的预示意义。

当然，绝对的自然而然，变成自发崇拜，也是片面较劲之论。历史是人民创造的，人民是有自己的先行者、带领者的，正确的科学的理论创新、科技创新、制度创新，往往也会有一个艰难的被历史所接受、被人民所接受的曲折过程。自然而然到"不作为"的程度，错了。

老子不是躺平论者

这么说，老子是提倡"躺平"了吗？当然不是，老子辛辛苦苦地留下的《道德经》与其事迹与其身后影响，都证明他是深邃独特的思想家，而且他与孔子、孟子、荀子、商鞅、韩非一样，有志于为帝王师，扭转与端正其时社会与政局的发展方向。

其实先秦诸子针对的首先是当时的形势：郁郁乎文哉的西周礼制黯淡无光，东周中央政权式微，礼崩乐坏、不仁不义、诸侯坐大、群雄并起，血腥争斗而绝无义战、纵横捭阖而无诚信、诡计多端而无智慧、急功近利而无远见卓识、焦头烂额而无宽裕从容高远深刻，国而不国、礼而非礼、邦而无道，四分五裂、民不聊生、天下大乱。

先秦诸子，意在挽狂澜于既倒。孔孟希望如《论语》所言："兴灭国，继绝世，举逸民，天下之民归心焉。"（《论语·尧曰篇第二十》）这里的"灭国""绝世"指的是西周，是文武王特别是周公时代，延伸到更古老的尧舜禹汤。老子没有特别明确他所向往的纪年朝代，但庄子明确指出，他向往的是前黄帝时代，因为黄帝是通过战争获取天下的，为大道所不取。老子的说法是"物壮则老，是谓不道"（《道德经》第三十章）。

其实无为也是为的一种方式，无语也是一种语言的表达，更是态度的表达；正如 0 也是数字，紧跟在 N 个任何数后面的 0，意义大了去了。

老子提倡的是：以无胜有，以弱胜强，以退为进，以愚用智，以朴用文。所谓"知雄守雌""知荣守辱""知白守黑"，即是知道如何雄强，却宁可保持柔性；知道如何风光，却宁愿保持低调；知道得十分明白，却保持某种糊涂昏昧的可塑造、可影响、可调整的谦虚温和包容开放状态。

这里边有辩证法，有深谋远虑，有韬光养晦，有迷惑对手之谋略，绝非躺平。而"将欲歙之，必固张之；将欲弱之，必固强之；将欲废之，必固兴之；将欲取之，必固与之。是谓微明"（《道德经》第三十六章），说的是你要关闭封锁，就要先将它打开张大；你要削弱它，就要先加强它的扩张与强势，使之抻长战线，暴露弱点；想废弃它，先让它扩张闹哄，达到极致，以使之走向自己的反面；而你想获取什么，前提是你能给予什么，只有有所贡献的人才能得到支援与帮助，只有努力利他的人才能得到他人的利你：这些更不是躺平，而是战略策略全面思考的极致。

$$1 \rightarrow 2 \rightarrow 3 \rightarrow 5 \rightarrow 1$$

人法地，地法天，天法道，道法自然，这样一个表达顺序与师从关系，突破了三元三才的说法，表达的是天、地、人、道、自然五元五才的一致乃至从属关系。

人要与地保持一致，不一致你无法活下去。有巢燧人神农李时珍，地上百业尤其是农业，生活劳作保家卫国，都是人适应地，与地一致，实现本土化、务实化、接地气。

地与天一致，昼夜寒暑，春夏秋冬，晴阴风雨，吉凶祸福，地随天行，实现生活与文化的发展化、时代化、进步化。

天的生灭变化，功能威严，洞悉分明，混沌杂多，温暖光明，冷凉黑暗，无穷永久，具体而微，有常无常，都随从大道，都体现大道。正如冯友兰氏所讲，未有飞机之前，已有飞机之理。就是说，飞机这个飞行器，或谓是 20 世纪初由莱特兄弟发明的，但飞机赖以存在的空气动力学、材料力学，飞机制造的金属冶炼、结构设计、工种工艺；飞机使用与市场化商品化的各种产业经济的关系，飞机成本、风险、效能、利润的原理，不是跟随着飞机的产生而产生的，不是人为地造出来的，没有飞机之前，风筝飞起不飞起，纸屑与尘土吹上天空哪个方向，都有空气或流体的浮力与动力的原理起作用，这些促成了飞机出现的原理，恰恰是先于飞行器的出现而存在于无穷与永恒之中的。

道的根本特质是自然而然。人的欲望、作为、想象、智谋、激情，同样是自然的一部分，但不是全部条件。人既不能平躺以待自然，也不能任凭人欲人谋去到自然当中掺和添乱，自以为是地干预自然、挑战自然、改造自然，否则结果是毁坏自然污染自然，以致受到自然的惩戒。

这种说法似乎将人这个元素放在三才加道与自然五个方面中的末位，但人毕竟是最最能动的因素，人难于去改变天地，但可以期待改变自身的愚蠢与恶劣。人还能改善自己对于天、地、人、道、自然的理解，增长自己的良性能动性、创造性、建设性。

中国传统文化的思维方式是，三而五，五而多，三而一，五而一，多而一。五法四，四法三，三法二，二法一，那么也就是等于五法一，四法一，三法一，二法一，一更是法一，一法一，就是自然。那么列成式子，$1 \rightarrow 2 \rightarrow 3 \rightarrow 4 \rightarrow 5$，干脆也可以说是 $1=2=3=4=5$。这种一而多、多而一的思维路径，也是传统文化的特色。这些与佛学的《华严经》上的提法相类："一切中知一，一中知一切。"一和一切，和千差万别，相即圆融。多与一结合起来，乃有郭沫若的《凤凰涅槃》中的赞美：

一切的一……一的一切……欢唱！

庄子的《齐物论》

庄子在他著名的《齐物论》中提出"天地与我并生，而万物与我为一"。天地人三元观到了庄子这里表述为天地我三元，庄子别开生面。天地我的说法至少对于养气、对于得道、对于境界的开阔，有正面作用。人是天地所生，人是天地的一个部分，是天地的下载与体现。《黄帝内经·灵枢·邪客》中提出，人的双目便如天上的日月；人的头和脚，就好比天与地；人的血脉，就好比地上的河流；人的毛发，就是地上的植被。人与天地，是同构的。

庄子从三才的统一性发展到万物的同一性，认为一切区别：善恶、美丑、寿夭、是非、长短……都是没有绝对的与根本的意义的，都是次要的，而最主要的是万物之无等差，都是一回事。这使人想起鲁迅的《阿Q正传》、胡适的《差不多先生传》和我国建筑工地小工的谚语："齐不齐，一把泥"。这里有稀里糊涂、马马虎虎的一面，也有"不自见故明，不自是故彰，不自伐故有功，不自矜故长。夫唯不争，故天下莫能与之争"（《道德经》第二十二章）这一面。老子此语，是说不显山露水、不自以为是、不居功、不骄傲、不争执，才能做到清明、得知、得志、得发挥，而且难于扳倒的地步。

天地人的相悖谬

老子说："天之道，其犹张弓与！高者抑之，下者举之；有馀者损之，不足者补之。天之道，损有馀而补不足。人道则不然，损不足以奉有馀。"（《道德经》第七十七章）就是说天道求平衡，犹如拉弓射箭时的要领。压低高大上，抬举低小下，咔嚓挤兑一下富裕有余者，补贴一下贫贱困难者。而人间的习惯法则很恶心，恰恰相反，是越穷越倒霉，越弱越吃亏，你的地位与财产越低下和薄弱，越会受到剥削压迫损害。

老子的这个判断相当激烈，相近于十九、二十世纪的欧洲社会革命党人言论。将三才五元统一的美梦拆穿，成为农民起义"替天行道"大旗的精神资源。

前面讲过的天地不仁、圣人不仁的说法，也是老子的惊人之论，他怀疑与斥责人间的"损不足以奉有馀"的阶级压迫剥削模式，他也不信仁义道德的酸溜溜的说教，他以天地圣人的无情性客观性法则性，来质疑自作多情并且试图将天地也多情化的儒生酸秀才们。

至于怨天、怒天、恨天的情愫，在一些文学特别是戏曲作品中多有呈现。这方面最突出的是关汉卿的名剧《窦娥冤》中，被冤枉的窦娥对于天地的控诉：

> 天地也，做得个怕硬欺软，却元来也这般顺水推船。
> 地也，你不分好歹何为地！天也，你错勘贤愚枉做天！

戏剧主角开骂皇天后土，义正词严、惊心动魄、痛快淋漓，古今中外，前所未有！

当然，关汉卿的极端惨痛冤案戏《窦娥冤》，其实骂的是人间，是官场，是贪赃枉法的官员，这里，天地替赃官背黑锅，也算一绝。这实际上表达了大戏剧家对于天地人三位一体的怀疑，表达了对于天地能为人间作主的怀疑，表达了对于有神论的怀疑。

对于儒家来说，天地人三才本来是一体的，是应该一体的，但是有这样的权力系统，无道、失德、逆天、寡助，孤家寡人、天怒人怨、自取灭亡，他们也正视天地人三才相悖的凶险悲惨。

从人来说，注意不要过于妄自尊大，注意万事都有自己以外的天、地、道、自然的因素加入起作用，也是很有意义的。

天人感应与天人合一

早自《尚书·洪范》，已经提出了天人感应的概念，尊儒的董仲舒与近道的淮南子，都强调与发展了这样的思路。即人间的不公正、君王的倒行逆施将会引起天地的灾异；而天地的异象，相当于在为人世的昏聩不义发出警告。天人感应的最通俗的例证也出自窦娥的冤情故事。临受刑前，悲愤绝顶的窦娥赌咒起誓：她将血溅白练，天将六月飞雪，大旱三年。这些为苦主鸣冤的征兆，这些惩罚人间不义的天象，一一兑现了。

现代科学一般不承认此说，至少是不能证明这种感应的实在性，但人们不敢轻易否定之。天人感应，天会为冤案作证，这至少在社会心理学、道德心理学上有它的地位与作用，苍天有眼，天网恢恢，善恶报应，欠债必还，这本身就包含了恻隐、恭敬、羞恶、是非之心。此外，胡作非为的人与事，其实不仅是逆天，更是逆人心逆人情逆人理逆社会逆民间舆论，逆法律与正常的风俗习惯，他们理应受到社会国家民众的唾弃惩罚。

古代哲人们还致力于想象描摹人是小宇宙，他们强调，人是天地的产物，是天地的体现，是天地的变形，天地的缩影。庄子喜欢用颇有唯物性的"大块"一词，硬邦邦的"大块"云云，就是指大自然、天地，特别是指大地。人与天地又同是阴阳二气的产物，是金木水火土五行的质地，人与天地同质同构、同感同应、同理同性。

传统文化劝善诫恶的言语中，强调"头上有青天"，不能漠视，语重心长。

天地人的互证互通互补

天地人的统一性、合一性，更深刻地表现为儒家学说的天地人的互证、互通、互补性。孔子孟子老子庄子大致上都是性善论者，孟子最明确地指出，人人都有恻隐之心，即不忍之心、怜悯之心；恭敬之心，即敬天敬地、敬祖宗、敬美德、敬长上、敬礼义之心，还可以称为礼让之心；羞恶之心，其实就是自尊自爱自律之心，是非之心，也就是价值与伦理的有所选择、有所不为、有所忌惮之心。

老子嘲笑烦琐人为的德、仁、义、礼，认为"失道而后德，失德而后仁，失仁而后义，失义而后礼"（《道德经》第三十八章），但仍然承认善心、善意、善良。他强调上善若水。老子说丢掉了天道，只能强调后天的道德要求，丢掉了道德自觉，只好去借助人的怜悯同情仁爱之心，再丢掉了仁心，便求助于义理原则规矩，义理原则规矩实在也不管用了，一路下行地剩下了的是行礼如仪、摆摆样子、形式主义。

这些善是哪里来的？是从天地而来，是天生先验而来，人的善性是生而有之的，是良知、良能、天理、天良、天性。"天命之谓性，率性之谓道，修道之谓教"（《中庸》），天与道与教有互通互生互动的关系。天地是物质性的存在，同时又是仁义、道德、教化、命运、价值、人性、人情的渊薮。

同时人有恶的一面，孟子的说法是：恶是生下来之后一曝十寒，没有好好珍惜巩固善性，而被环境的后天的恶劣所侵蚀恶化的结果。荀子的观点，则是人性中本来就具有非天理天意天命的私欲偏狭恶劣部分，而后天又没有受到足够的天理天道圣贤礼义教化，这样的疏失的恶果，就是人性恶的泛滥。越是强调人性中恶的部分，如贪婪，如嫉妒，越要强调教化学习，以改恶从善，皈依天良。

天道至高无上

这样的天地人之道，同样是君王权力运行的准绳与前提。帝王是天子，"王者父天母地，为天之子也"（汉·班固等《白虎通德论·爵》）。"天子受命于天，诸侯受命于天子。"（汉·董仲舒《春秋繁露·顺命》）"天命靡常，唯有德者居之。"（《封神演义》）"为政以德，譬如北辰居其所而众星共之。"（《论语·为政篇第二》）这是一方面，封建帝王君主的权力来自天命，封建权力系统以天命的名义执政。执政的合道性来自合德性，以德、以仁为依据为纲纪治国平天下，就是以天以地以大道治国平天下。

而另一方面，"君者舟也，庶人者水也。水则载舟，水则覆舟"（《荀子·王制》）。"三代之得天下也以仁，其失天下也以不仁。国之所以废兴存亡者亦然。天子不仁，不保四海；诸侯不仁，不保社稷；卿大夫不仁，不保宗庙；士庶人不仁，

不保四体。"（《孟子·离娄章句上》）

这里，载舟、行仁政、得天下，就是三才和一合而一体；覆舟、失仁、不保四海、不保社稷、不保宗庙、不保四体，就是人间的权力悖离了天道。

天子实现上天赋予的天命，不是无条件的，而是有条件的，条件是孔子所说的"邦有道"，"为政以德"，"道之以德，齐之以礼"（《论语·为政篇第二》），孟子说的"得天下也以仁"。反过来说，天子不仁、无德、缺德、不亲民、不得民心，就是无道昏君，就是气数已尽，就是亡国之君。可以说，中国的三才说，给了权力系统以天命的威严与至高无上，同时给了权力系统以天的监督，天的监督就是文化监督的强化说辞，它包括了道德的监督，民心的监督，礼义的监督，乃至士大夫、谏臣的监督。

荀子干脆鲜明地提出了"从道不从君"原则，即士大夫有权有责以天道这样一个兼具哲学、神学意义的文化范畴为圭臬，评量君王的文治武功，尤其是君王的道德形象与教化得失。而对于儒家而言，天道体现在礼的规范、义的原则、仁的美善与德的凝聚，如此这般的软实力之中。大道来自天地，大道成为圣王的贤明治理与百姓的淳厚风气，成为人间修齐治平的美好成果，成果成就了民心向背，民心向背又成就了圣贤君王千秋伟业的兴衰存亡。

荀子的意思居然是如果君王的言语行为不符合礼义，不符合规矩与义理，不符合礼法与大原则，就可以不再盲目忠诚。

荀子为什么敢于发如此之言？就因为抽象与无穷的大道大于高于上于永恒于精微于一切，高于再伟大也还有待于岁月、天地、万代的检验与证明的、具体的或有局限性的君王某一代。

孟子甚至说道，"贵戚之卿"如果遇到"君有大过则谏；反覆之而不听"的情况，可以考虑"易位"，即更换君王人选。使得齐宣王"勃然变乎色"。孟子说："王勿异也。王问臣，臣不敢不以正对。"孟子说，是齐王问到了我，我岂敢不说老实话呢？请不必觉得怪异。孟子接着说到"异姓之卿"，即不属于王族皇室血缘系统的"卿"——大臣，怎样对待上述情况。孟子高高举起、轻轻放下说："君有过则谏，反覆之而不听，则去。"（《孟子·万章章句下》）君王有过错，谏争无效，非王族皇室的臣子，不可妄为，只能卷铺盖离开。

或谓孟子比较激烈强硬，从话风文风上看，特别是与孔子相比，确有此情，但孟子仍然无意挑战君权王权。或者应该指出，孟荀的文化监督权力说正是忠君尽职的满腔忠良表现。

天是存在也是神祇，帝王是天子也是天命的体现，地是大块，也是天的对应与另一半，是天道落实的平台；人是天地的产物，也是天地的证明，天地的彰显，天地的下载、感受、体现。天的降临下载，加上"地"的活力生长，天地人都是道的体现。三而一，多而一，一而多，一而三。

天是道的正名，道的名义，道的崇高地位，道的不容偏离。道是天的意义，天的崇高，天意天命天心的结晶，是上天苍天的伟大的存在与降临。应该说天道云云这个说法，这个天道的概念之神，比圣父、圣母、圣子、天使、圣徒这些神格人或人格神的出现—降临更加深刻与难以置疑。各种宗教圣父、圣母、圣子、唯一使徒、天使、神佛、真人，无论如何解说，难以摆脱肉身人形与痕迹。所以捷克作家米兰·昆德拉在小说《生命中不能承受之轻》中大肆讨论上帝之子进不进洗手间的问题。而畅销的推理小说《达·芬奇密码》中也讲了什么耶稣妻子抹大拉的教派轶事云云。而中国东周时期，讲的是神性概念；神性，本来就是概念性存在、概念性崇拜，不具有具体的物件的有形存在。

把天道拉到地上来，就是地利，就是上善若水，就是高峰平原，就是农事、渔猎、航海、森林、高山。

天时与地利成就了生命、人类、社会、家国，代代相传。

天造就了地造就了人，地负载了人负载了天，人认识了证明了崇拜了天，效法着天与地，天地人都遵循着、体现着道。一切的天地人都弘扬着体现着道，道则在一切方面成就着引领着规范着天地人。道是世界的灵魂，天地人的灵动，文化的主轴。

天坛与天子

值得品味的是天坛与天子。

天坛是中华建筑的杰作、世界文化遗产。作为独立的一座古老建筑，全球只有印度的泰姬陵能够与之媲美。它是哲学、神学、皇权政治与农业文明、重农主义的代表性建筑，从文化内涵来说，这样的建筑举世无双。开始建造天坛是在明朝永乐十八年 (1420)，明、清两朝皇帝在这里"祭天"与"祈谷"，天坛还有祈年殿，祈谷与祈年，都是祈祷风调雨顺、老天作美、五谷丰登、农事顺利。农业，当然是在地上进行的，是地上的头等大事，农业又是"靠天吃饭"的，所以皇帝要在地上建筑天神代表处，天道大使馆，建筑代表的是天的权威与美好周全。反过来说，一切设计指示着天、符号着天、辉煌着天的绝美建筑天坛，又代表着帝王，代表万民，代表本朝权力系统，向皇天祈祷、求福、致敬。

而皇帝的身份是天子，是天的儿子，接受的是天的派遣，是天使圣徒性的天帝子嗣。中国的说法 "皇天后土"。天是最高，地是天的配偶，天是父，地是母，那么，天子呢，就是它们的儿子。

且慢，没有那么单纯，天与地之伟大性合法性有效性，离不开皇权的承认与崇拜。国外有君权神授，中国则多是神权君授。皇帝同时是天子，这里有君权来自上天即君权天授的含义；但同时皇帝封泰山、封关公、封孔子（半人半神），一经册封君授，神庙红火灵验百倍。三国人物被民间祭拜的不少，但仅靠民间，多数自生自灭，谁也赶不上关羽，原因就是历代皇帝多次封关羽为神。"关帝"一词也是传统文化。人一词可以经由义的彰显而义化，关羽正是义的象征符号；义一词可以圣化，关公因义而成圣；圣一词可以帝化即高峰化高端化，关羽成神后堂堂称帝。皇帝一词可以天地化、人神化。与天地互通、互证、互文。

帝需要天地神的名义，天需要地上的权力对神明带头认同尊崇，人需要权力的引领教化治理，权力需要人的载舟不覆、归心不失。天无言无权而有威有高度，有高深莫测的作为，有万民崇拜。帝有权有能有势，有几乎一切资源，但对人心向背、成败得失，并无绝对的把握，时有难于应对的势、关隘、气数、对立面以及自身或有的瑕疵。要敬天需要把天坛造在地上，欲造神需要人间权威的出面出力出资，欲服人需要依天由地，令崇拜、气势、权力与道德声誉完满结合。天地是哲学概念之神，是崇拜祈祷之神，是道德文化之神，是权力治理之神，它具有自然属性、文化属性、神学属性、浪漫属性、政治属性、审美即艺术属性与整合互证互通属性，最简明的说法，叫作中华属性。

所有这些思路，都有它的中国特色、国情特色、历史特色，需要梳理，需要理解消化，需要创造性地转变与创新性地发展。

三才与五元

世界、宇宙、万物，天地人，自己存在，自己运动，这是无神论、唯物论，也是泛神论、万物即神论、物即神论。最妙的是无神论，追溯古代中国的道家，可以解释为"无"即神之论。因为在无与有两个神概念中，无更原始、更彻底、更根本，更易于与佛学的空概念相通。

老子视自然、原道、原理、原生态概念，即综合与总和的神概念为万物之牝——子宫，即是先验、前提、起源、发生、归宿之原始"大神"，就是世界万物的子宫，是天与地与人，你们我们他们的来处。世界万物是有有、有无，有这样、有那样，有成、有毁，有生、有灭的，但自然与道永恒。同时自然的有有，万物的有有，来自原无。

古圣先哲，致力于将天文天象、地文地象视为人文符号、人文渊薮、三观方向、道德天理的标本与旗帜、规则与礼仪、朝廷之纲纪。

古圣先哲视天文天象、地文地象、万文万象为对人类的敬告警告劝喻暗示提醒，是对权力的合道性、合天地性、权威性、形而下与形而上性的体察依据，是人间一切兴亡成败顺逆的来由与度量衡标准。古圣先哲的首要使命是探寻天意天心天命，宣讲天道天理，并将它们落实到人间地面，使之接上地气地利人和。

天理就是人心民心百姓之心，天性就是美善之人性，天子就是帝王，天道就是天命的依据。人的好是天地的伟大正气的证明，天地的大美是朝廷与百姓符合天道的证明。一切兴替成败都是天地对于人事的奖惩与总结。

人要"究天人之际，通古今之变"（汉·司马迁《报任安书》），也要如诸葛亮：上知天文，下知地理，中晓人和，明阴阳，懂八卦，晓奇门，知遁甲，运筹帷幄之中，决胜千里之外，自比管仲乐毅之贤，抱膝危坐，笑傲风月，未出茅庐，先定三分天下。

天道、地道，都落实于人道，都监督着人道。天地无言，而人类文化是千言万语、千姿百态、咄咄逼人、喋喋不休、争拗百般、天花乱坠。没有人的实践、经验、思考、积淀、天才、智慧、勇敢、担当，天道只可能隐藏在冥冥苍穹天象、天文、气象，氤氲蒸气的变动之中；而地形、地貌、地理、地质、农工财富、金银珠宝、沧海桑田、人间祸福、善恶吉凶、生死存亡，都需要着人道的理解体贴与呵护。天地人三才一体，需要的是人的敬天敬地、知天知地、行天护地、守天惜地，需要的是自觉、忠诚、勇敢与智慧的人研究天道地理，调整对于天道地理的认识，执行天道、替天行道，适应地理、学习与应用地理。

研究三才的角度是人的生活与认知、行为、文化的积累，三才的理解与解说靠的是人的明敏、善良、理性、明白，掂量与判断天文地理地貌的价值是人的生活的需要，是文化尝试的广度与质量。

人们以天道规范人类的行为与思路，动机与居心，政治文明、社会文明、行业文明、家庭伦理文明与道德操守，这是最高的天人合一，心连心，命连命。实际上呢，是人以人间的种种体会、念想、模式来推断天地，也就是实际上人以人的主导天来宣示人应该接受天地的主导。这种人间的天道论，循环论证天主导地与人，地接受天、承载化育包容着人，人体现着、认证着、发现着与弘扬着也保护着捍卫着天与地，互为因果，互为佐证，互为解析，谁也离不开谁。

人、历史、社会与机遇

近代以来，梁启超一方面强调历史是英雄的舞台，舍英雄几无历史，一方面又既承认英雄造时势，又承认时势造英雄。英雄史观还是群众史观，不准备在这里细说。我只是想说，时势云云，大体上是说天时，是历史发展变化形成的大势与机遇，而且许多情况是指历史的变局与乱局提供了大舞台，正如现代戏《沙家浜》上唱的："乱世英雄起四方"，也会令人想起京剧《借东风》中所唱的"曹孟德占天时兵多将广"，其实是东汉皇帝的无能昏乱提供了曹操挟天子以令诸侯的机会。

而今日的革命领袖，事业之成就，有赖于高举理论纲领的红旗，强调历史发展的客观必然性与社会主义事业的正义性，强调只有人民，才是历史发展的动力，是历史的创造者。越是具有"数风流人物，还看今朝"的自信与高屋建瓴，越是强调自身是历史规律与人民心愿的代表者，是人民群众而不是英雄豪杰创造了历史，群众是真正的英雄。

从传统文化的意义来说，亦即强调道统，自然唯物，天（历史规律形成的时势）地（地气、国情、传统、民心、民意）大道，加上本身的情怀，气概，心志，智慧，决心，追求的纯洁性、正义性、高尚性，得天时，得时势，得人心，得地利，得本地本族群的拥戴，得道多助，从胜利走向胜利，一时失败，也仍然要从失败走向胜利。

伟人的伟大事业，其伟大不仅在于代表人物的伟大英明，也在于历史的进程、条件、发展程度与历史的需要，人民的接受与人民的紧跟，客观环境可能性的逐渐齐备。三才的观点，三元至五元的观点，有利于开阔心胸，审时度势，把握全局，凝聚人心，站稳脚跟，进退有据，永远立于不败之地。

人们容易犯的错误之一是就事论事、就人论人、就功论功、就过论过。而任何事、人、功、过，都不能不受时、势、地域、他人、他事，各种有关无关、远关近关的是非功过的影响。

第四章

混一

混与浑

古代典籍中常出现混一或者浑一的词眼，混是多种多样，不清不楚，放在一起，连在一起，成为一体、一事、一团、一片。浑是混为一谈而又厚实、大气、统一。而杂多、多样、无序至少是表面的无序，产生混乱失误烦躁，同时又生发高层次的智慧、超越、格局，概括与涵盖。

古代文字中，常见混与浑的混为一谈的浑然一体。混沌，也可以写作浑沌。混与浑，都可以解释为混杂、糊涂、不清、难以分离，难以分别分析的伟大的模糊整体。

混还可以作欺骗、蒙骗、无所事事、掺杂、苟且、搅乱、融合、整合、统一讲，如混淆、混日子、混世魔王、混入、混骗、混杂、混乱、混合、含混……

浑与混相比，少了欺骗苟且的含义，多了宏大、原生、质朴、整体、近乎、洋洋大观、大而化之的含义，如浑然、浑厚、雄浑、浑水摸鱼、脉象浑浑、流水浑浑、浑朴、浑若、浑似……

混沌，常指天地万物元气未分、天地不分，世界初期的糊涂状态。这个对前宇宙时代、洪荒时代的世界的想象推测，与现代科学的某些假说，还很沾边，很"浑似"。

浑沌，同混沌，同时还可释义为远古创世时代的某种神怪——神话生物的存在。

混一，浑一，这种说法与西方古典哲学家所讲的"杂多（混杂、多样）的统一"字面意思极其相近。混一强调的是多元的混合与难分难解，成为一体。浑一，强调的是一元的浑然、伟岸、深厚，气象雄浑，在浑然的统一下，世界气象万千、千变万化。

浑沌的故事

《庄子》上讲了一个堪称"玄而又玄，众妙之门"的故事："南海之帝为倏，北海之帝为忽，中央之帝为浑沌。倏与忽时相与遇于浑沌之地，浑沌待之甚善。倏与忽谋报浑沌之德，曰：'人皆有七窍以视听食息。此独无有，尝试凿之。'日凿一窍，七日而浑沌死。"（《庄子·内篇·应帝王第七》）

南海大神是倏，北海大神是忽，倏忽二字，作忽然、极速解，看来庄子认为南北大神是只争朝夕的"急性子"。

中央大神当然应该是最重要最高级别的神之天王。庄子说他接待北南倏忽"甚善"，就是很好，此外未说，至少他并不是急性，一不急于求成，二不越俎代庖，三不设防抵御，四不多管他神的事。

庄子的故事尊重浑沌、尊重整体与大局、尊重直观印象与感觉，不钻牛角尖，不较劲也不招事。对于部分、局部要有所忽略，有所不计，有所马虎，有所妥协。这里也包含着孔子"君子不器"（《论语·为政篇第二》）的思想。

中央大神是混杂统一的典范，身上没有眼耳口鼻七窍七个器官出入口。北、南二神，以自身为标准为蓝图，乃给中央大神凿洞洞，认为凿出双目、双眼、双鼻孔加单一的口来，才能发挥如人体的七窍之官能。

七窍虽然重要，浑沌却可能由于官能的细化与各自为政的清晰化而丧失它的整体性、统一性、一致性、互动互通性、宏大性与覆盖性，为浑沌开凿七窍的结果是杀死了浑沌的浑沌、混杂、糊涂、大致、合和、互相融合、无所不包、无边无际、可感可悟、智慧灵动状态。

清晰的细节凸显的是：人子式的雕虫小技、奇技淫巧、手段计谋、斧凿钎锥、专长妄作，科目门类凸显，天地日月万生万物划分清晰，浑沌消失了，大道远去了，倏忽进入了缘木求鱼、扬汤止沸、饮鸩止渴，以有涯的知识知觉，追逐越追越远的美满的大知大道的悲惨境遇，毁了浑沌，毁了纯朴的生命，毁了天道天理天命的朴、善、纯良与天真。

这个故事有点超前进行文化批判的意味，人的文化发展了人，却也有可能局限了人、误导了人、弱化乃至畸变了人，这样的老庄式的文化批判，有点后现代的意味。后现代主义批评的正是现代性科学技术迅猛发展带来的对于人的主体性和感觉丰富性、整体性、中心性、同一性的损伤。而后现代强调的正是一切都在同一个平面上。这里只能提一下，到此为止。

君子不器

孔子的特点是深入浅出、恰到好处，三才五德、待人接物、齐家治国、克己复礼，接人性、接天道、接地气、化仁义，"吾道一以贯之"，多讲人情世故，不搞大体系、深哲理、巧言令色、怪力乱神。思无邪，从常识入手，明白透彻。

但是也有一些话，出自孔圣人，或有费解处，其中一句就是"君子不器"。

可以理解为君子不是工具，不能只讲使用操作。不讲理念原则方向。

樊迟请学稼，子曰："吾不如老农。"请学为圃。曰："吾不如老圃。"樊迟出。子曰："小人哉，樊须也！上好礼，则民莫敢不敬；上好义，则民莫敢不服；上好信，则民莫敢不用情。夫如是，则四方之民襁负其子而至矣，焉用稼？"（《论语·子路篇第十三》）

达巷党人曰："大哉孔子！博学而无所成名。"子闻之，谓门弟子曰："吾何执？执御乎？执射乎？吾执御矣。"（《论语·子罕篇第九》）

孔子的主张是不在意专门技术技巧，而在意于总体整合把握方向纲领的能力。孔子曾经自我嘲笑："我种地不如老农，种菜不如老圃（园艺匠人），我注意的是礼数，老百姓没有敢于不敬重权力系统的，我注重大义纲纪的话，老百姓没有谁敢于不服从，我注重信用的话，老百姓没有谁敢于不实情对待公务的。做到一点，天下归心，还用得着权力系统的人自己去种地的吗？只有低等的小人才张罗种田的事情啊。"

人们称赞孔子学问广博，但也有人说他没有特别的专长。

孔子自问："我究竟有什么专长呢？是射箭还是赶车呢？如果问我的专长，也许赶车能算吧？那就说是赶车好了。"

谈专长，孔子马马虎虎，无所谓。谈礼、义、信、孝、悌，他信心百倍。种大田、种菜园子、射箭、赶车，都是器，使用器具或者像器具一样被使用，只有大讲仁义道德，才是全能的高端人士。孔子要做的是圣人，使礼崩乐坏转变为天下归仁。他不是也不想当专家。所以黑格尔无法理解他，视他为"缺少抽象思维能力的"一般道德 ABC 的普及教师。

而孔子的君子不器论，正是否定一心着眼于凿眼开窍的形而下器官营运，而要关注形而上之大道的意思。

《周易·系辞》说："形而上者谓之道，形而下者谓之器。"

君子心怀天下，不像器具那样、七窍那样，作用明晰局限。不器的观点，某种意义上与混沌、混一、浑一的观念，道（导）之以德、齐之以礼、抓纲修齐治平的思路是相通的。

老子从另外的角度来体悟浑沌。一个是圣人浑其心，就是对百姓之心浑浑然予以包容、汲取、整合，合多为一，视百姓为孩童，百姓喜欢的，自身原本不喜欢，也要喜欢，做到以百姓之心为自己的常心，百姓相信的民粹东西，也会有糟粕荒唐，圣人本来不怎么感兴趣，但既已成为民粹，也要尽量倾听消化吸收应用。

　　一个是浑兮其若浊，为了整合百姓的愿望与心思，不怕混合掺杂，不怕混淆糊涂，不怕顾此失彼，尽量做到周而不比，全面立体，弹性柔性刚性韧性俱全，百战百胜，永远立于不败之地。

　　若浊，很有趣，不能过分地强调纯洁性，避免呆板、静止、停滞。不怕一时的有所搅浑，为的是不断激活自身的生命力。俚语称这种状态是"揣着明白装糊涂"。

　　一个是为道日损，损之又损，以至于无为，无为而无不为。[*]有道人士、圣人等，其着力不在添加，而在减少与放弃，减少假大空，减少空洞概念与各执一词的敌意口水战、减少面子样子形式主义、减少阴谋诡计、减少内卷、减少私利纠纷、减少山头小圈子，减少了一切需要减少的行事，放弃了一切本应放弃的成见或利益，自然各方面都上了轨道，百废俱兴，诸方平衡，齐头并进，皆大欢喜。

---

　　[*]　为学日益，为道日损。损之又损，以至于无为，无为而无不为。取天下常以无事，及其有事，不足以取天下。

　　　　　　　　　　　　　　　　　《道德经》第四十八章

一个是大道至简。大道一方面无穷，渊深、广博、恒久、变化、不可测度，同时它又至简：自然、顺畅、不争、无咎、就低、虚静、无为、混沌，毋开其窍。

大道在于混沌，自然在于混沌，至简在于混沌，浑一在于混沌。

这也只是事物与智慧的一个方面。

这赋予了中华文化特有的能动、包容、消化、汲取与调整特性，是它的抗逆性持久活力的一个根由。

尚同与尚一

尚同——上同，原出于墨子，认为东周春秋时期，天下大乱，需要的是天下民人士人都认同于贤良圣知辩慧的天子，以天子、君王为主导的权力系统，而天子必须上同于天，应该是指天道天理天命。从字面上讲，则尚同也含有随大流、少争辩，反对巧言令色、追求集中统一的意思。

老子的《道德经》中，一与天与道，是讲得最多的互相通用的一个概念，就是说，在老子的语言与思想中，天就是一，一就是道，道只有一，道来自天，天与道表现为一，得到了、掌握了、认同了道，也就是获得了、守持了、通达于一。有了道才有了一，也就是有了有，有了从无极发展而来的太极，有了矛盾辩证与生命发展，即有了二，有了新生之三，有了万物。

道与一的开初，就是处于混沌状态。重视、敬重混沌的原生态，其中一个因素就是崇尚抽象、混沌、万物皆备于我的伟大的"一"。

郭沫若在其著名诗篇《凤凰涅槃》中吟道：

我们更生了，

我们更生了。

一切的一，更生了。

一的一切，更生了。

我们便是他，他们便是我，

我中也有你，你中也有我。

我便是你，

你便是我。

火便是凰。

凰便是火。

……

一切的一，芬芳。

一的一切，芬芳。

芬芳便是你，芬芳便是我。

芬芳便是他，芬芳便是火。

火便是我。

火便是他。

火便是火。

……

一切的一，和谐。

一的一切，和谐。

……

一切的一，悠久。

一的一切，悠久。

……

翱翔！翱翔！

欢唱！欢唱！

　　这里有一与多的混一、浑一，这里有混声、和声、多声部、齐声的大合唱，这是中国的欢乐颂，凤凰颂、涅槃与新生颂、史诗与时代颂、革命与进行曲、圣贤与英烈志士颂，有天地境界，有天地人的循环与互动，有自强不息与厚德载物，有大道之行，天下为公！

这是杂多的统一，这是混一浑一的中华传统文化中的世界的伟大、和谐、欢唱、芬芳，当然也有、应该有、应该体悟到，混乱与麻烦。

这里也有禅宗智慧的影子：

> 心外无境，境外无心，心境无二，一切即一心，心即一切，更无挂碍。（《传法心要下》）

这也是练内功，劲往心里使，一切境遇最终都是心境，归自己操作调理。

一切指的是境，是客观世界，一指的是心，是主观世界。

佛教理论与实践，与全部义理与实践，视为一整体的，便称为"一"，其各分支和法门则称为"多"，或将能生万有之一心称为"一"，而所生之万有则称为"多"。

传统文化欣赏崇尚的是一与多的矛盾统一，多样性与统一性的统一，差异性与共同道性的统一，形而上与形而下的统一，你与我、此与彼的统一，矛盾性与统一性的统一，一言与天下法的统一，匹夫与百世师的统一，大同与定于一的统一。

统一，也是混一，浑一，一切的一，多种多样的一。关键是，尚一，同时承认多，要求一包括多，引领多，化育多。

一与多

中国传统文化是尚一的文化：万众一心、万法归一、一心一意、一鼓作气、一视同仁、一以贯之、始终如一、一言九鼎、一诺千金、众口一词……又是重视一与多的统一的文化：众志成城、众人拾柴火焰高、殊途同归、万紫千红、一通百通、一顺百顺、举一反三、千变万化、琳琅满目、千头万绪、群众运动、群言堂、群众路线、人多势众，等等。

我们讲民主集中制，讲先做群众的学生，后做群众的先生，讲以人民为中心，讲尊重群众的首创精神，讲群众的眼睛是雪亮的，讲人民就是江山，讲几个自信、维护、意识，都可以看到这种一的一切，与一切的一的思路的光照。

整体主义

中国文化自来注重整体，不太注重局部，注重大局大概念，轻视细节，注重根本，不太重视一时一地一事，重视综合，不太重视专修领域的分门别类。重视道、德、气，不太重视技、艺、器具。

中医，重视阴阳寒暑湿燥虚实的整个身体的哲学诊断，不太注意分科分部位分器官诊断与医治。用人，以德为先，不能只拉车不看路。做事，注意沉稳周到与留有余地。

伯乐推荐了相马大师九方皋，找到了千里马，却弄错了马是公是母与马的毛色，当君王因此否定九方皋的相马的可信性的时候，伯乐为之辩护：君王要的是千里马，不必考虑与分清特定性别与毛色。（《列子·说符》）

我们强调的是大河没水小河干，方向错了，成绩越大越危险，即使卫星上了天，也仍然有落地的危险。我们提倡的是抓大事，是抓住了解决了主要矛盾，次要矛盾就可以迎刃而解。

这里可能有农业文明的某些特色。而如今我国也同时宣扬细节决定成败论，则显示出工商业与市场经济的发展带来的观念变化。同时，早已宣扬过的做永不生锈的螺丝钉论，更注意渲染的是个人与自我的谦卑礼让、服从大局。

　　窃以为这种整体主义与汉语汉字的特色有关，我们使用的词字，极其注意万物万事之间的关系，大牛、小牛、犊牛、黄牛、水牛、牦牛、公牛、母牛、奶牛、野牛、耕牛、菜牛，都是牛；牛肉、牛毛、牛皮、牛角、牛油、牛排、牛尾、牛气、牛市，都出自牛；大风、小风、微风、台风、龙卷风、飓风、海风、寒风、暖风，都是风。这是中文的特点，其他语言则多半各有各的单词，看不出这种关系来。

　　整体主义与社会主义有一种亲近与和谐，与英特纳雄耐尔有一种互通，中国特色离不开中国语言、中国文化传统的特色。

第五章

文治

儒者就是文化人

在中华传统文化中占有主流地位的儒家的"儒"字，就是文化人的意思。儒是读书人、有学问的人，受过良好教育之人、文明之人，甚至，对不起，乃是偏于懦弱的人，有学者考证，"儒"字曾通"懦"，令人莞尔也令人摇头。儒学提倡软实力，提倡以软实力赢得人心民心；当然，也承认硬实力的不可或缺。

我认为儒学强调的王道、为政以德、道之以德、齐之以礼等，有以道德文化主导治理、以礼义文化赢得人心，乃至以天道、大道，这样的高大上哲学范畴、神性范畴、终极范畴来赢得民心、完善与平衡君权的用意，他们相信这样更能实现长治久安、太平稳定的宏愿。

而道家的说法，则从哲学的基本规律——天道、大道出发，声称"弱者道之用"，道也是软实力，是天地万物变化的基本规律。他们说，硬、实、霸的权力闹大发了，走向衰老、停滞、迟钝，会走向相反的结果。

大哉文也

　　"文"，在中华语言文字中地位太重要了。最初，它可能主要是指花纹、纹络、符号、卦爻、外在可视形象和脉理暗示。

　　"小人之过也必文"，《论语·子张篇第十九》引用了子夏此语，这里的"文"，是掩饰、逃避、虚伪的负面含义。看来，对文与不文，当时社会上可能是有争议的。

　　《新唐书·裴行俭传》里说："士之致远，先器识，后文艺"，则认为文与艺涉嫌花哨形式、打扮装饰，而器识是器量与见识。文艺是外在的表现表演，器识是内在的容量、视野、见解、智慧。

　　《左传·襄公二十五年》上引用孔子的话："言之无文，行而不远"，这里的文指的是文采修辞，赋比兴、对仗、声韵、排列、结构等行文上的技巧讲究，虽然重要，仍然偏于形式与技艺对思想实质的修饰美容作用。依中华传统文化的见解，修饰美容，当然比不上质朴敦实诚笃厚重的实质，比不上文理、文思、文品、文质，比不上文所载之道。

　　想当年，"文"的地位与重要性不如"人"，不如"民"，不如"仁"，不如"义"与"礼"。礼也是文，但具有规范性，胜于其他文化积累。后来以文武来两分治理与权力的结构与阵容，如文官武将云云，文是半边天，分量大增。

现时，现代化与后现代化中，视一切人类为自然界增益、改变、积累的物质与精神的财富资源为文化。如今的"文"与"文化"，已经大大地扩容了。

《周易·贲卦·象传》说："刚柔交错，天文也；文明以止，人文也。观乎天文以察时变，观乎人文以化成天下。"则提出天有天文，人有人文。天文的特点是阴阳刚柔二气纠结变化，呈现出天时、季节、兴亡、成败、气象、天象的各种图景。

追求更多的文明教化、仁德礼义、精神文明建设，结束愚昧与野蛮，则是人文的本质与目标。

后世水文一词也极有趣，指研究自然界水的时空分布、变化规律的学科。还有水文学者讲，"三十年河东，三十年河西"符合我国江河的水文规律。

晋代的"文化内辑，武功外悠"，有各种解说，我则愿意理解为对内要积淀培养文明化育，文治教化，对外要适度表现出军事实力，强化自己的存在与坚强无畏。

文治与礼制礼治

孔孟极其强调文治礼治，礼治乃是文治最容易理解、最容易推行的一个操作抓手。荀子讲得最干脆，礼之产生是为了维持尊卑长幼、阶级秩序。荀子说，人的欲望是无限的，自然与社会资源是极其有限的，以极其有限的资源提供企图满足并扩张自己的本初欲望的人们，财不符欲、源不应流，分不过来，怎么办？只有建立秩序，有所管理与节制，有长幼尊卑君臣父子师徒贵贱的次序，才不至于天下大乱、民不聊生。如此，必须强调礼仪、礼法、礼治、礼义、伦常，以种种礼法规矩管住每一个人。

孔子的说法是，仅仅用行政手段、刑罚手段，虽然能管控一些人，使他们不敢为非作歹，但百姓怕受惩罚，不等于他们明辨是非，自觉自愿自尊地守法与维护秩序。就是说行政手段与严刑峻法，能触动百姓的利益与皮肉生命，却不能使百姓心服口服，不能使百姓们懂得不守持礼法、非礼非法的耻辱，即使百姓由于恐惧惩罚而不去作恶，仍然没有消弭某些罪恶之心性动机。

只有以道德感化人，以义理说服人，以礼法规范人，造成千百年不变的社会风气，正风良俗，才能动百姓之心术，化百姓之风习，保持与优化百姓的品质规格。

此说，有文化立国的意味。

自礼出发，及于各方面

礼的组词非常多，说明自礼出发，可以触及各个方面。

礼貌，礼要表现在外形、样子、容貌、相貌、美貌、容颜、表情、面孔、手势、姿势与身体语言上。比较起来，中国人更重视的是内心、心术、心肠，而欧美人某些场合似乎礼貌用语、礼貌寒暄、礼貌手势体态还相当讲究。例如，在欧美，清晨见到陌生人也会互通早安。阅读中华文化经典，我们会发现古代中华圣哲其实是非常重视礼的外在形象表现的，中国还有君子不失色于人（对他人不随便耍态度）、不失口于人（不能说粗话）的古训。后来不知道是不是由于人口增加过快，到处是黑压压的人，顾不上一一问候，再有就是各种灾难与紧急状态太多，人们删减了一些可有、应有的礼貌。现当代则又提出"五讲四美"，提出多用礼貌用语："你好、请、谢谢、对不起、再见。"

礼数，是说礼节的细致方面，官阶职位不同，应对接待，各有不同的礼貌要求，需要细致周到，心中有数，全面周旋。《左传·庄公十八年》说"王命诸侯，名位不同，礼亦异数"，礼是维护阶级地位、社会伦理的有效手段，数是礼的量化、细化、程序化。

礼法，以礼代法，遵礼成法，这是一种理想，也是"取法于上，仅得乎中"的提高调门，是未必一定做得到的、可以打折扣的说法。它的逻辑是，文质彬彬、温文尔雅、礼貌周到，这是君子之风，人人都成了谦谦君子，何愁他们会为非作歹、作奸犯科、犯上作乱、乖戾诈骗？以礼的教化，实现与替代执法的强硬防范惩戒，礼都达到了，还能犯法吗？以礼法的美妙文雅，防范无法无天招致的强力镇压、作乱与平乱，岂不是好办法？

当然，按现代眼光，守法是最低要求也是刚性要求，严格执法，这是权力系统的责任与权力，而礼貌礼数教化，是另一种性质的问题，与道德教育类似，有它的崇高性与弹性柔性，不宜将二者混淆。二者也难相互取代。

礼节，或谓礼节即是礼数，但礼节的说法强调的是规则性、节律性、自我掌控性；礼节突出文明的讲究程度、教化的美好成就。想象一下，去到一个人人重礼节、个个讲文明的君子社会，将是令人满意的。礼节，也是一个做人的修养的标记。

礼行。我国西北地区喜欢用礼行一词，指有礼貌的行为，也指一种表达美好心态、增益乐观自信的风俗习惯，如婚宴、庆生日、搬家——乔迁之喜等。人生中不乏为自己为他人，相互之间添喜悦、增信心、表达庆贺愿心的礼仪性活动，增益吉祥，减少负面情绪。

礼仪也很重要，尤其是国家性、民族性的重大喜庆活动、纪念活动、追悼活动，以重大礼仪活动凝聚人心、鼓舞人心、激动人心，意义与作用是很大的。

克己复礼，天下归仁

孔子的纲领性口号是"克己复礼，天下归仁"（《论语·颜渊篇第十二》），克制、克服、管控私己的欲望，恢复西周的斯文古礼，是孔子终生奋斗的使命与目标。宋代理学创始人之一张载则干脆将这样的使命扩张、表述为"为天地立心，为生民立命，为往圣继绝学，为万世开太平"：天地是主宰、是本体、是渊薮，是人——生民之所以生发与所以终结。但天地不言，需要的是儒学圣人代表天地之心，代言天道、天命、天心、天意、天理、天良、天威、天律，圣哲是代表天来立言行事。还有，天毕竟太高，就近观察倾听不易，圣哲要从人们够得着的地面、山川、城乡，动态、祸福、相貌来体察人间的得失正误方向。生民艰苦，需要儒学圣人为之请命、请生存、请权益、请恤谅。立命，这里也包含了对生民孝悌忠信、奉仁守礼、安居乐业、传承祖业之价值与意义的强调。往圣之学，命运不同，或存或废，或扭曲或呆滞，或发展壮大膨胀，或已绝已亡灭，需要儒学圣人起死回生、传承更新、创造发展。比起当年孔子讲的兴灭国、继绝世、举逸民，张载的说法还算是稳妥的了。*

　　要为万世开太平，开辟世世代代安居乐业、正常安宁地生活度日的太平盛世，创造构建让绝大多数民人得到生存权与能

＊　谨权量，审法度，修废官，四方之政行焉。兴灭国，继绝世，举逸民，天下之民归心焉。

　　　　　　　　　　　《论语·尧曰篇第二十》

够传宗接代的大环境。没有说开疆拓土，没有说增加战车数量，甚至也没有说发展生产力，却说了一个老百姓最亲切的甚至是低调的"太平"二字。这使我想起八九十年前的儿童，练习毛笔字的时候用的红模子，一开始，都在那里反复写"天下太平"四个大字，此四字，或谓原出《吕氏春秋》，或谓语见《老残游记》，老话了，是国人一代代的根本期盼，从这里反衬反证出来：我们历史上有太多的乱局，很不太平。

荀子反复强调的是：只要有仁德义理，一个诸侯国家，疆域小了没关系，人口少了也不碍事，自然而然地将民心吸引过来，使人民对你倾心，如孟子所说的"若大旱之望云霓"（《孟子·梁惠王章句下》），然后天下归仁，就是归文王，归圣王，归王道，也就万事大吉。再夸张下去，发展到所谓"半部《论语》治天下"，可以说是仁义道德教化身心，文明礼数规范行为举止自然有序，文化立国治国，文化所向披靡，这确是一种伟大的消弭争拗、协和万邦的理想，但这也多少给人们以书生说梦之感。

文化立国与以正治国

文化，在中国传统典籍上，不如道、德、仁、义、礼、忠、孝谈得多。但以今天的范畴理解推演，作为文化主流的儒家，所主张的应该算是文化立国、文化治国、文化兴国、文化救亡。

《尚书·洪范》的说法是："无偏无党，王道荡荡；无党无偏，王道平平；无反无侧，王道正直"，即唐尧虞舜一直到文王，道乃是帝王内功，正心诚意，以仁德使臣民心悦诚服；践行则是诚于中而形于外，靠礼制达到文明敬肃，文质彬彬；而胜敌的上上策首先在于依靠文治，次在军事实力，首要在于得民心、得人心，王天下、得天下、一天下。

孟子的说法是"得其名有道：得其心，斯得民矣"（《孟子·离娄章句上》），"天时不如地利，地利不如人和"，"得道者多助，失道者寡助"（《孟子·公孙丑章句下》），"不嗜杀人者能一之"（《孟子·梁惠王章句上》）。这后面的话甚至有嘲讽感，敢情东周诸侯，有许多"嗜杀"即以杀人为嗜好的君王，彼时一个君王，能够不迷恋杀人、不癖好杀人，就是了不得的圣人了。呜呼！

荀子以周文王为例，反复讲，当初文王地盘有限，军力有限，但是他极其贤能，敬老携幼，扶正祛邪，慎用强力，包容施恩，大得人心，为周朝的兴旺发达、统一天下打下了基础，定下了基调。

老子讲的是"以正治国，以奇用兵，以无事取天下"（《道德经》第五十七章）。正是正确、正规、正常、正派、端庄、负责。奇指的是一种奇特、奇兵、奇谋、奇思异想，是远远将敌手抛在后面、陷敌手于被动莫解、望尘莫及的斗争求胜智慧。无事，即精兵简政，不扰民不伤民，爱惜民财民力，平时尽力为人民留下安居乐业、歌舞升平的空间，战时展现出上下同心、群策群力、舍生忘死、保家卫国的精神力量；以此从精神上入手，做到服人服众服天下。

《道德经》包含了老子许多逆向思维的奇葩，老子是不怕做惊人之论的：诸如知美斯恶、知善不善、天地不仁、圣人不仁、失道而仁等等高大而又诡谲，玄妙而又有创意的惊世骇俗的说法，令人拍案称奇称快。而像以正治国这样正确稳重的提法，在老子言论中应属罕见。这反映了一个重要命题：执政者、掌权者、担当者，与造反者、起义者、揭竿而起者，或是研究者、评论者、著述者，三者身份、视角、立论与战略实践的规划，会有重大区别。这反映了"玄而又玄、众妙之门"的老子，在治国问题上的谨慎小心、严肃认真、注意掌控拿捏的一面。

老子还强调战争是凶事："以道佐人主者，不以兵强天下"，"师之所处，荆棘生焉。大军之后，必有凶年"，"善有果而已，不敢以取强。果而勿矜，果而勿伐，果而勿骄，果而不得已，果而勿强。"（《道德经》第三十章）就是说，国君帝王，靠的是天道、正道、仁德、礼义，不可以动辄诉诸刀兵。大的军事行动，后果只能是灾荒凋敝、四野荆棘、饥寒疾病、灾荒苦难、生民不幸。实在不行打了仗啦，打胜即可，不必因战胜而逞强，而骄傲，而吹嘘膨胀，时刻不要忘记，打仗是不得已而为之的事，不是什么好事乐事。

他又说，"吉事尚左，凶事尚右"，这是民事规则，但在军旅生活中一切要反过来："偏将军居左，上将军居右。"这个规矩说明军旅生活的视角另样，说的是"杀人之众，以哀悲泣之，战胜，以丧礼处之"（《道德经》第三十一章）。打了胜仗也要悲哀，杀了敌人也要悲哀。当然这与今天的军事爱国主义的说法大不相同了。

从中可以看出，虽然道家有许多与儒家唱对台戏的东西，有与儒家互悖互补的东西，道家屡屡嘲笑儒家的说教气与烦琐讲究，但在大的仁德问题上，老子也不可能完全跳出儒家的尚德、尚善、尚秩序的人设。

老子的军事名言是"故抗兵相加，哀者胜矣"（《道德经

第六十九章》），孙子说"投之亡地然后存，陷之死地然后生"
（《孙子·九地》），说明了战争的残酷性，说明了只有被迫
应战、面临败亡的致命危难，才可以选择战争手段解决问题，
并仍然要保持自身的道义悲情优势。

用现在的话说，孔孟荀老庄，他们提倡的是软实力。他们
并不是看不见硬实力的重要、富国强兵的重要、战车武备的重
要。但是他们认为最上等的状态是拥有军力强力威势，同时努
力做到备而不用，能威慑住对手也就行了。孙子是兵法专家，
但他更加提倡"不战而屈人之兵，善之善者也"（《孙子·谋
攻》）。

这里，儒家有自己的天真烂漫、道德理想主义、文化理想
主义，就是说，他们的美言智言、文明言语、美德追求太多太
多了，但是缺少可操作性。

春秋战国时期，乱世英雄出四方，乱世百家齐喧嚷，而对
于急于建功立业的乱世豪杰尤其是春秋五霸、战国七雄来说，
儒家的出现可说是使得英雄豪杰霸主们急中风遇到了慢郎中，
摇唇鼓舌的儒家的文化立国论、软实力论、仁政王道论、君子
教化论，他们的温良性、谦恭性、文化性、理想性与审美性，
远远大于建功立业，强化自身，瓦解敌对，得天下、王天下、
一天下的操作价值，大大超过了建功立业的有效性。

儒家学说的优越性与耐选择性

恰恰是在一个朝代政权确立、天下相对太平以后，封建权力系统才会坚决选择儒家的文化软实力理想主义。他们会感觉到，还是儒家文化比较得体、比较入耳入目入心，上得了台盘桌面，像美好靓丽的花环一样，远胜冷然消极的神仙道家的羽扇纶巾，更胜冷酷严峻的法家的严刑峻法，还胜摩顶旋踵的墨家的苦行伤身，更不必说什么玄虚较劲的名家的语言与思维悖论了。

儒家的论点、言语、修辞，合情合理，听着高明，想着舒服，温文尔雅，亲和四方。所以一代代传下来，孔学儒学终于成就了"大成至圣文宣先师"的主流意识形态，孔子成了无与伦比的圣人；而儒学也同时遭受了无数的质疑与抨击。

庄子讲玄圣素王，即不掌握权力与国土、国防、君臣、百姓……任何硬实力的"素人"，却掌握了天道真理，成为万古导师大神的圣王。庄子又讲什么内圣外王，即内功已如圣人，外业达到王者。这样的人格理想，出自庄周，却被后人用到了孔子身上。这也是美谈，庄子的想象力与修辞能力，恰恰符合了历代帝王将相、圣贤忠良、士大夫君子们对于儒家孔圣人的认同与解读宣扬。道家的理论总括极高明美好，但具体论述，与政治生活、社会生活、权力生活、主流思绪、百姓民间思潮，都隔着一大块，道家思想更易于满足受挫者、在野者的士人的精神需要，最后道家的高帽子没有首先戴到自己头上，而被传播者拿去舒舒服服地戴到了孔子身上。这也是极有趣的传播学现象、传播学故事。

诸子百家，儒家独尊，道家次之，争论起来没完没了，取用起来，道理很通俗实在：儒家体面，道家高明。

以礼治国的理念、实践、经验、教训

礼制就是一套套的礼节规矩，表达敬长上、爱幼小与下属，亲人众、少树敌、无争无尤的规则秩序。礼治，就是以礼正心、正情、正举止言语容色态度、正尊卑长幼的规矩秩序，以礼治国治乱治礼崩乐坏，治违法乱纪、颠覆爆炸、乖戾邪恶。

治国平天下，可以是齐之以刑，即以刑律惩罚来规范一切，更可以齐之以礼，即以礼制礼法礼节礼貌规范民人的行为，以礼代法，求得社会的秩序与稳定，以礼治落实文治，落实文化立国文化治国文化救国的思路，这很美丽，也很别致。这是政治学的一绝。

笔者略知柏拉图的哲学家治国理论，它主张让能够掌握真理理念的哲学家或正在学习哲学的政治家们治理国家、分配资源，然后把能够保卫国家的武士放在第二位，把平民放在最底下。我还在乌兹别克作家阿依别克的小说《纳瓦依》中读到了15世纪察合台时期西域中亚一带或有的诗人治国的故事。我还从毛泽东的事迹里感受了革命家、政治家、一代伟人的哲学思维的优越性与有效性，加上诗人的浪漫性感悟性，再加军事家的用兵神性的统一。同时也从唐明皇、李后主的命运中想到了诗人文人艺人治国的尴尬可疑可悲。

而以礼治国，堪称范例的是西周。孔子曾经称赞："西周的礼制是多么丰富多彩啊，我要遵行西周的礼制。"* 详情不知，但从孔子对于东周时期礼崩乐坏局面的沉痛批判中，从孔孟荀对于墨子的节用节葬观点的坚决否定中，可以看出礼治思

---

*　子曰："周监于二代，郁郁乎文哉！吾从周。"

《论语·八佾篇第三》

想并非西周结束后立即式微，它的发展与崩颓过程也相当复杂。

春秋战国之后，紧接着的是秦始皇焚书坑儒，焚书坑儒以后，汉代废黜百家、独尊儒术；但除去公元前一百多年时期的西汉文帝、景帝的轻徭薄赋、与民休息、节约民力、为政以德时期外，再未见到礼治、王道或无为而治的理念与实践有什么可说的事例。

礼仍然是中华传统文化的一个亮点，礼失求诸野，治国平天下的古老中国的权力系统在内外交困、血腥争夺中顾不上礼治了，民人也还自我欣赏着自身的"贫而乐，富而好礼"（《论语·学而篇第一》）。笔者童年时期，北京人，尤其是老北京与旗人同胞，以自己的多礼而自豪。他们的见面请安、相互问候、告辞相送，屈膝作揖、礼貌用语，都满满堂堂，使童年的我产生了接近孔子的"郁郁乎"的赞叹。

礼多人不怪、彬彬有礼、礼贤下士、礼尚往来、行礼如仪、先礼后兵、礼轻情义重、礼义（不是仪）之邦、来而不往非礼也、以礼相待、顶礼膜拜、知书达礼……说明了礼在传统文化、传统社会中的重要意义。

儒家的理论是，礼制是文明，是规范，是对善良天性的加工与引领，从反面来说，礼是对放肆、贪婪、粗暴、狠毒、卑下、鄙陋、恶劣等诸多负面的管控与抑制。

如果人们一代一代自幼饱受礼的熏陶教化，使民人们最大限度地做到了彬彬有礼、和睦善意，何愁会出现触犯刑律、杀人越货、仇恨破坏、危害居民与社会的罪恶？同样的是，德行德性，善莫大焉！人们有了道德的自觉，都做好事不做坏事，说好言不说恶言，安善心不安坏心，各个地区邦国，人人讲德讲礼，处处笑容满面，何愁有什么危殆矛盾、恐怖破坏、贪腐堕落？您就擎着太平盛世，人间的天堂吧！

这正是儒家的既天真烂漫，又言之成理，既通俗易懂，又包治百病，既美善动人，又天高地阔的取法道德，至少奉公守法，取法文礼，至少不杀人越货，取法圣贤，至少不成为公害的性善逻辑、理想主义逻辑、文化治国逻辑，不怕优化教义的美言美文美人间逻辑。

无为而治

其实无为而治也是一种文治。无为之文化文明文思文理，比孔孟荀的仁政王道、德治礼治更奥妙、更深邃、更理想、更中听。

无为是什么意思？老子说"无为而无不为"，简明地说：一切不需要做的、不受欢迎的、没有最佳成效的、劳民伤财的、扰民积怨的、空谈误国的、痴心妄想的、辛辛苦苦适得其反的作"为"，一律叫停取消！这样，正常合理的、民人欢迎的、切实有效的、利国利民的作为，才能够得到顺利推行，并事半功倍。

《道德经》第六十七章上有道是："我有三宝，持而宝之。一曰慈，二曰俭，三曰不敢为天下先。慈，故能勇；俭，故能广；不敢为天下先，故能成器长。"慈是亲民爱民，其实就是仁政，但比仁更质朴接地气。俭就是爱惜民力民物农时，艰苦朴素，减轻负担，也就是文景之治的轻徭薄赋。不为天下先，不是科技上的不敢创新，而是"是以欲上民，必以言下之；欲先民，必以身后之。是以圣人处上而民不重，处前而民不害，是以天下乐推而不厌"（《道德经》第六十六章）。成为器长，成为君王，掌握大权，高高在上，更要言语谦卑质朴，如在民人之下；领先百姓，更要如随从万民，即"圣人无常心，以百姓心为心"（《道德经》第四十九章）。不给民人加压，不给民人添乱，取得民人的持久喜爱。

无为，老庄指的是君王、圣人，即在邦国里具有权柄与教化影响的高端人物。庄子讲得更透，在上者要注意的是无为而用天下，即不动声色、因应自然、从容有定、举重若轻地指引天下，操作天下。而处于下位者，一般百姓，则是忙忙碌碌地为天下大业所使用，他们必须辛苦劳作，岂能无为？

道家仍然有为帝王师的使命感与想象力，他们的无为而治理论，是向着帝王君王公卿士大夫而讲的，讲的是为治国平天下，不是讲工匠农人不必做工种地。

荀子则强调君王的首要任务是用相，还有用人与奖惩，具体事务让你用的卿相官吏去做，你高高在上地布局调配与评审赏罚即可。

马恩的共产主义理论，设想到了共产主义社会，国家机器、军队、警察、监狱都会消亡，需要保留的类公务员，应该只是一些生产统计人员。这与最理想的政治是无为而治，也是相通的。

传统的祭祀文化

古老的中国曾经有发达与重要的祭祀礼仪文化，祭天、祭祖宗、祭社（土地之神），这里也有天地人三才观的意思。他们讲的是用宰杀牲畜，有的还要加上以酒泼地、泼河川的仪式，向天神祖神地神致敬祈祷，创造一个人神互通的途径，沉浸于一种人神互动的感受。

在孔子等儒家大师的言论中，则更多地表达了祭祖与孝心孝感的相通。

此后民间葬礼与守孝十分郑重。先是烧（纸）七，即死后逢七有一次祭奠，头七二七三七直到七七四十九天；然后是烧百（日之）期，烧（纸）去世满一周年之期，两周年之哑期，即不再在仪式上哭丧。三周年，则是脱孝服之期，规模盛大，完成后，逐渐恢复正常生活。三年内，族人子女不得婚嫁，不得娱乐，不得着装鲜艳，过春节时不得贴红色对联，等等。

孔子对三年守孝还有所解释，即父母要用三年时间照顾一个新生儿，使其从婴儿长大到幼儿，用现在的话来说就是父母千辛万苦培育你终于能够上幼儿园小班了，那么当你的父母过世的时候，你也要以三年时间报答父母的养育之恩。他驳斥了要求缩短守孝时间的观点。同时孟子与荀子也驳斥了墨子的薄葬论调。

那么，祭祖就不仅有与祖先对话、祈求祖先保佑的含义，还有永远不忘父母之恩的孝感文化在其中。

感恩父母，崇拜列祖列宗，以之为神祇，这里有一种质朴天真的信仰主义；有一种恭恭敬敬、感恩恒久、慎终追远、自我掌控、小心翼翼的气质培养。

而把重葬、守孝、丁忧——官员逢亲丧，卸去官职三年，在父母墓地守护亡灵、充分哀悼，以及祭天祭地祭多神，希望得到祖先、先人、众神的佑护，从而做出各种祈愿。这些结合起来，从某种意义上来说，比创立一个特殊的教门、教会，更合情合理、简明普适，无可非议。这里有对神祇世界的崇拜与想象，有对宇宙、世界、人间与生命的终极的信仰与敬畏，还有对于人的此生此现实的在在依恋与珍重，还有对于道德完美的追求与努力。

中国的祭祖文化，成为一种亦此亦彼、非此非彼，天地人三才、神鬼人三界、有无化三境、智愚俗三色混一的绵绵延延难分难解的文化传统、风俗习惯、信仰崇拜、道德讲究。这同样是历史上的权力系统所珍惜的一种教化，一个善良化、礼义化、人心民心化育的重要举措。

近现代以来，祭祀确实在渐渐淡化。恢复清明节为全民假日以来，似乎还乡扫墓的风习在逐渐恢复。而一些节日节点的怀念、致敬、追思活动，有利于赓续与发展以上这个美好的文化传统。

知其不可而为之

古代的"文"字，渐渐发展为讲学问讲道理，以弱胜强，以文化人，减少淡化人间的暴力乖戾、血腥争斗，突出道德、仁义礼智信、美德美文美丽教化，推动君王、公卿、士人、君子、全民的修身修心养性，实现家国、天下、社会、人间的优化、善化、美化、文明化、礼义化、理想化。

而"文"的另一面涉嫌负面的含义则是虚伪、做作、掩饰、表演化、表面化、形式化、样子功。

请读《红楼梦》，堂堂贾氏宁国府与荣国府，婚丧嫁娶、节日寿辰、生离死别、庵寺庙观、贵宾有司，各种礼乐香烛、喜宴餐饮、拜祭恭敬、戏曲表演、赏赐感恩，行礼如仪，庄严隆重，金碧辉煌，感人至深；与此同时，除了大门口的两个石头狮子雕塑以外，全都是脏唐臭汉，腐烂下作，无耻之尤，令人痛心疾首！

儒家文化是经世致用的，是被汉以后历代朝廷所承认的主流意识形态，但同时中国封建社会又不缺少血腥暴力、宫廷阴谋、奸佞荒唐、动乱颠覆。这就是说，文化文化，既是现实的，又是理想的，既是施政的圭臬，又是读书人的幻梦。不要忘记

《论语》里说到的人们对于孔子的评价："知其不可而为之"，不要忘记对于孔子惶惶"如丧家之犬"的反映。这注定了儒家理念的不但是知其不可，而且是实行起来很不容易；在提倡一切美好的思想与礼行的同时，即使实现不了也还具有理想性、升华性、引领性、导向性与约束性，这也注定了围绕儒家地位得失的讨论，会长期延续发展存在下去。

建设中国特色社会主义，建设全面小康，实现中华民族伟大复兴的中国梦，仅仅有《论语》与儒家是远远不够用的，但是，任意对儒学的理想与实践相结合意义的否认，也无异于在自毁我们的民族文化资源。

文化的命运与作用

几千年的中国历史，文化的引领作用与监督作用是不可抹杀的。除了儒道墨法的一些圣哲的论述以外，民间还有许多说法。一方面是普天之下莫非王土，率土之滨莫非王臣，君要臣死臣不得不死；另一方面，良禽择木而栖，良臣择主而事，臣子也可以选择人主、选择主子，双向选择。选什么？选择君王的合道性，主子无道，就会天下大乱，应付无方，鸡飞狗跳，国破家亡，无道昏王弄不好死无葬身之地。正像今天的权力系统讲究权力的合法性一样，中国古代讲究的是权力的合道性、合德性即合文化性。

我读卜键先生的《明世宗传》，觉得有趣。明世宗朱厚熜是明孝宗的侄子，孝宗之子明武宗无子，大臣迎立朱厚熜继承了皇位。继位后这位深受中华孝道熏染的皇上，想将自己的生身父亲兴献王也封成太上皇，拼其毕生，求了多少臣子，才极其勉强地成功了。他想更改太祖朱元璋留下的春季两次求雨的风习，则未能成功。老臣们维护朝纲，维护太祖的规矩，维护纲纪礼法的权威性，胜过了维护当朝天子的说一不二地位，他们践行了荀子所说的"从道不从君"原则，勇于挫败明世宗"不合规"的念想，这一点不可小觑。

读黄仁宇的《万历十五年》，看影片《末代皇帝》，也屡屡看到万历帝和宣统小皇帝被老臣管教、拒绝乃至抹杀其天性习惯与个人愿望的可悲故事。

看来，中国的封建社会家天下政治制度，有专制主义的独断性，也有道德信仰、礼义原则，其本质是文化的引领监督与对君权的约束性。文化，对权力与权力系统、对朝廷与帝王体系，有所评价、有所谏争，等于是有所讨论、有所调整、有所平衡的一面。尽管文化的讨论调整平衡有时无用、无效、失声，有这么个天道、人文、仁政、礼义的说法悬挂天下，比没有这么个高大上的公器好。

在中国历史上有窝窝囊囊或者大权旁落的皇帝，如东汉末年受董卓、曹操挟持成为傀儡的汉献帝，但这并不太多见。反过来说，完全做到金口玉言、说一不二、为所欲为、生杀予夺、称王称霸的泰山压顶式强势皇帝，也是数量有限的。更多的是普通的皇帝，一方面是权重如山，山呼万岁，另一方面是从朝廷到全境，道德大旗已被各方面高高祭起，皇帝受到某种程度的文化约束与评议。

中国的谏官制度也很有趣：据说是春秋初年齐桓公设大谏，有所谓谏官，专事对君王的过失直言规劝提意见。后来晋国有中大夫，赵国有左右司过，楚国有左徒，都是这一类谏官。汉代也有一大批官职名义，号称掌议论，侍从皇帝、顾问应对。宋朝有补阙、司谏、拾遗、正言一些说法，还有什么谏院，元代以后没有了。

贾宝玉用"极左"的手段批判"文死谏，武死战"，说是文官拼着一口浊气仗义执言，死于谏争，为自己扬名，却陷君王于不义；而武将只知拼命一死，却误了自身保卫君王的任务，都不足取。

应该说，世上没有绝对不受监督的权力。权力是高大威严的，权力创造着改变着引领着一切，但权力又总表现为掌握在数量上处于少数的帝王将相大人物手中，而更多得多的人的拥戴服膺才构成了权力的高大上重之威严，一旦多得多的庸众，心里思想里对权力产生了问号，就不知道会发生怎样的灾难与危殆了。而庸众们、民人们、百姓们的心理走向，常常可能用天、地、道、德、命、运、气、数这些抽象的文化范畴来命名、修辞、研讨、臆断。抽象的文化要管具象的权力、抽象的道德要过问具象的官职待遇。以文化人，以德治国，以孝廉的名义去匡正朝廷官场，以各种抽象的概念与原则、礼节与规范、风俗与习惯、法律与命令掌控管理浸染人生、人民、人心、人意、人气、世道，其博大精深、千头万绪，难以言传，只能通过实践，慢慢去心领神会。

中国历史，是改朝换代的历史，是文化促进、生成、赞扬、美化权力事功的历史，是或有权力受到文化监督、谴责、惩罚的历史，是农民起义、兴衰交替的历史，也是民心起伏、得失互见、顺逆难验的历史。个中的文化内涵、文化意义，经验教训都极丰富。

谈中华文化，谁也不能大意。

第六章

修身

以修身为本

儒家著名经典《大学》说："大学之道在明明德，在新民，在止于至善。知止而后有定……"，"古之欲明明德于天下者，先治其国；欲治其国者，先齐其家；欲齐其家者，先修其身；欲修其身者，先正其心；欲正其心者，先诚其意；欲诚其意者，先致其知；致知在格物"，"心正而后身修，身修而后家齐，家齐而后国治，国治而后天下平。"还说"自天子以至于庶人，壹是皆以修身为本"。

最最高大上的学问之道是彰显人类澄明坦荡的德行，从而知民爱民，达到尽善尽美的境界。只有懂得这样的目标才有确定的方向与标准。

在天下彰显美德，是君王公卿士大夫君子的最最崇高事业，实现这样的目标，前提是治理好自己的国家，想治理好国家，前提是安排规范和睦好自己一家，要和谐规范好自家，前提是管好培育好自身的修养。管好培育好自身的修养的前提，是端正自己的心术心态，端正心术心态的前提，是树立诚恳的意向意念，树立意向意念的前提，是发育智力，求得知识，而做到这一点的前提，是认识研究世界万物。然后意向诚恳，心态端正，修养有效，家庭和睦，国家治理出色，一天下、王天下、天下归心、天下太平。

这一段话文气充盈，层次分明，真有点高屋建瓴，势如破竹之态。关键命题在于从天子到百姓，诸事以修身为基本，达到治国平天下的大目标。但又讲解了一套完整的正心—诚意—致知—格物的层层推衍深入逻辑链。但修身以下的格致诚正这一套，完全没有前边的修齐治平的意义与说服力量，也没有修齐治平说的影响力。

格致的不成功故事

王阳明年轻时笃信了格致之说，七天七夜"格竹"即死盯着研究竹子，希望通过格竹得到万有万能的大智慧，结果一无所获，甚至差点送了命。这样的故事，已经从反面证明了格致说的不大靠得住。当然，观察世界、研究外物、分析人生环境与遭遇，肯定是有益的。王阳明的笑话，与其说是应该由《大学》一书的论述负责，不如说是应该由朱熹的有关解读与王本人早年机械呆板的书呆子践行方法负责。

虽然说得听得满足过瘾，但这种从格物到修身到平天下的逻辑，并不符合形式逻辑的演绎与归纳的规则。如果你想论断格物修身成功就能治国平天下成功，你应该先论证大前提：凡格物成功的人致知就成功，致知成功的人意就诚，凡竭诚的人心就正，心正的人就修养得好，伸展为个人品德美好的人，其家庭家族就和睦规范，各家庭普遍都和睦规范了，遇到国家大事就能治理完善、社会清明。这样，各邦国治理好了，天下归心归一归仁，一律归圣贤王者操权执柄，叫作天下太平。

我们分析一下，靠格物获得知识智慧，大约靠 50%—60% 的谱，因为有各种各样的知，有"强记"型的知，有分析判断的知，有想象创造型的知，有顿悟灵感式的知，有苦思冥想型的知。一个知字，类型与层次相差甚远，质与量相差甚远。

再者，格物即观察与研究外物的对象标的大不相同，格物与致知并非一个百分之百地决定另一个的逻辑关系。有了一定的知识与智慧，与诚意正心，更没有靠得住的逻辑必然一致性。各种八卦型所谓知识、商贩型谋划、邪恶型心眼的知识或智谋，掌握者都可以说是大有人在，他们"格物致知"的结果不是诚意正心，而是狭隘低俗乃至伪诈邪毒，历史与现实中，这样的令人扼腕的事例都是有的。

修齐治平的逻辑与经验

至于诚意、正心、修身的关系，还是比较顺的。诚恳的人一般比较端正，大体如此，并非绝对。世上有愚诚也有愚而诈，还有傻坏傻坏的人；有真君子、伪君子、卑劣毕露的小人，也有诡计多端、魔术百般、瞒天过海的小人。

修身就能齐家？难讲，虞舜是大孝子，他的父亲情况就很不妙，以至孟子要与人讨论如果舜父犯了死罪被囚禁，舜该怎么办，并出了馊主意，说是舜可以放弃天下，以私人身份劫狱助父出逃，迹近笑谈了。

号称孝子的周佛海是大汉奸。今天也还有被处决的贪污犯曾经或真或假地以孝子著称。这说明齐家与治国，可能统一，也可能相悖而行。

当然，另一方面，一个真正有修养的人，公务应该讲原则，处理好，家务尤须端正严明。这是另一个角度。

这样论述的小前提是，所论人物必须是说格物则格得好，说致知则知得好，说意诚则诚得深厚，说心正则正得完美准确、无瑕无玷，说修身，又修得高大上全、无与伦比；说治国治得一百一，说平天下平得完满均匀、无懈可击。

但如果说，是这样的一个人，那么他的求学求知、精神生活、家庭关系、国家治理，天下归一，就都一定全部做到最佳，这种论断，实际上在人间是无法实现的。

美国著名汉学家费正清曾经论述类似《大学》开篇这种直线多级跳跃大逻辑是中国传统文化不讲形式逻辑的表现，并且说是中国历史上一度科学技术发展上不去的原因。这个说法最初曾经打动了我，但后来发见，这种势如破竹式的文气逻辑而非严格的论理逻辑美国也有。奥巴马的竞选演说中就有所谓"一句话可以改变一间屋子（里的人们），而如果它能改变一屋，就能改变一市，能改变一市，就能改变一州，能改变一州，就能改变一国，如果能改变一国，就能改变世界"云云，很有点中国"大学之道"的味道。

这种文体更多的是动员与煽情，与其说是论理，不如说是煽情。

一切从个人修身开始，则极有作为抓手的操作意义。

学习成长的过程

格物致知，在当今的语义中，指的就是学习，而且比仅仅读书读经典与上课听讲做作业，显得更宽泛些，它们可以包括实习、实验、社会调查、标本制作等。

《论语》开篇即讲"学而时习之，不亦说乎"（《论语·学而篇第一》），十分祥和光明，如坐春风，如仰时雨。孔子强调自己努力的是"学而不厌，诲人不倦"，自己学习与教诲旁人，互相推动，永不停止。孔子讲人生是一个与时俱进的学习成长过程，当然，也是修身的过程。

十五岁了有志于学习，以当今的观点来看似乎晚了一些，现今的童稚则更时兴学前教育，三五岁背诗、识字、弹琴、体操，已经培养得热热闹闹，以致颇有人提出怀疑的了。

或谓孔子那个时代的"学"，指的是经典的学，三观的学，做人的学，修齐治平的学，不会把走路、说话、数数、吃喝拉撒睡的本领计入学习的。

三十而立，大体说得通，或略嫌迟了一些。现代说法，一般十八岁就有公民权，也有公民的义务了，应该是十八而立。而世界各国的婚姻年龄即成家立业年龄，女是十八至二十之间，男是二十一至二十四岁之间。这些应该标志着可以或必须进入而立之年了吧？

四十而不惑，树立了一个分清是非真伪、释疑解惑的目标，很响亮也很重要，但实际做起来未必如此简单。当代著名的马克思主义理论家胡绳1998年八十岁时的《自寿铭》中声称他是"四十而惑，惑而不解，垂三十载"。此前1996年胡绳在《北京大钟寺》一诗中写道："隆隆古寺大声钟，为庆升平祝岁丰。更寓深心常警世，须防骄泰弃前功。"都表达了他对于人生在世、修齐治平事业的使命感、困惑感、责任感，表现了对于解惑释疑的迫切追求，对于孔子的学习成长论述的念念不忘，对于传统文化的长存于心。

面临着前所未有的历史课题与历史任务的我们，面临着不断出现、前所未有的变局的我们，解疑释惑的任务不是仅仅某一个年龄段以前存在，到了一定的年龄就完事大吉的事，不可能是过四十岁了就全部了然于心、没有两难或多难的选择困惑了。

社会与人生、时代与发展不断出现的新课题、新挑战、新机遇，会使你终身有所信仰、有所追求、有所困惑、有所为难，也有所前进、有所飞跃。

但是从一个特定的角度可以理解与接受孔老夫子的四十不惑论，即是，古代人均寿命较短，四十岁了，已经告别了青春所谓血气方刚的日子，不会像年轻时期那样容易被煽惑起来，做一些轻率幼稚的糊涂事了。

同样，五十而知天命，不是说过了五十人人都成了通天通神的黄石公、鬼谷子、诸葛亮，只能理解为他或她对自身的遭遇顺逆通塞祸福的接受与容忍，实现人与命运的和解妥协，实现将一切磨难视为天意天命的自理自顺自通自解，接受一定程度的阿Q精神，不发疯，不妄动，不自苦，不变成一名反人类、反社会、反文明的极端、分裂、恐怖、变态的危险分子。

六十而耳顺，则可以理解为与他人的和解、做人的成熟性与虚怀若谷。老子的说法则是"敦兮其若朴（厚道诚实如原生的木头），旷兮其若谷（胸怀宽广如包容众物的山谷）"（《道德经·第十五章》）。

《左传·成公八年》里提出的是"从善如流"，老子说的是"上善若水"（《道德经》第八章），而《孟子》与《荀子》里强调的是君王听取谏争的重要性。

孔子则是一贯主张"三省吾身"，"见贤思齐焉，见不贤而内自省也"。注意，不是见不贤而幸灾乐祸。还有遇到事情麻烦，要"反求诸己"，不可以搞对他人的甩锅抹黑。

至于七十岁做到"从心所欲不逾矩"，则是与自己的追求与欲望，与自己所受到的环境与条件的限制，得出和解、理解、最佳对应。说得通俗一点就是适当认命。当然，年过七十了，也不容易做到心想事成，心想事胜了。为什么能够从心所欲不逾矩？不可能意味着你要什么就有什么，想什么就干什么，欲什么就得到什么，而更易做到的是对做不到、得不到、实现不了的欲望，一律有所放弃，先从自己这里做到不欲不要。不能则不欲，不可则不欲，不实则不欲。成与不成，从了心从不了心，并不取决于你的成熟程度、老练程度、修养火候，但是欲什么不欲什么，欲必要的与可能的，不欲不必要与不可能的，这是你自己的事情。人可以有所欲而不逾矩，不是你有了改变矩的能力，而是你学会了善欲、调理欲，欲其恰当、欲其合理、欲其可行、欲其美好，即拥有了调整自身欲望的能力与定力。

　　生活的过程就是成长的过程，进取的过程，获得（成就、事业、地位、资源、名誉、威望……）的过程，也是一个脚踏实地、有所放弃、有所舍掉、有所辞别的过程。天真、幼稚、梦幻、空想、夸张、情绪化、贪心、偏爱、一己的愿望、吹嘘、迫害狂，都需要得到淡化、稀释、清扫、洗涤，成为一个"从心所欲不逾矩"的自由坦荡之人。

自律与慎独

　　修身的一个重要内容是自我掌控、自我节制，自己牢牢地管住自己：制怒——慎发脾气、慎于在怒火中做出一时泄愤的失当失态失准蠢事；节俭——不能放纵放任自身、不能纵欲、不能喜怒哀乐争夺报复过度过线，不能只求放任，不问代价与后果；警惕——不可被蝇头小利、甜言蜜语、溜须拍马、挑拨离间的小人国贼所煽惑诱骗，做出令亲者痛、仇者快的事情。

　　要质朴——身教胜于言教，实事求是，不搞巧言令色，不搞假大空，从不装腔作势，知之为知之，不知为不知；刻苦——永无侥幸心思，一切从最坏处准备，随时准备好了迎接"苦其心志，劳其筋骨，饿其体肤，空乏其身，行拂乱其所为"，要发展成熟自身的抗逆性、免疫力；等等。

　　中国人讲修身还特别讲自律与慎独，就是管控自己，不可随心所欲，不可放肆妄为，越是仅仅一人独处，越要警惕自身不可有坏思想、邪念、贪欲、嫉妒心、坑害他人之心、膨胀野心，不可行贪鄙之事、下流之事、不能见人的苟且之事。

　　中国人讲修身还突出强调谦逊——绝不忘乎所以，绝不大言欺世，绝不称王称霸，永远谦虚谨慎。

　　早在《尚书·大禹谟》里已提出的"满招损、谦受益"良言，在历代中国，家喻户晓，脍炙人口。到了毛主席这里，就是"谦虚使人进步，骄傲使人落后"。

　　一个谦虚，在我国反复强调了几千年，从反面说明人做到谦逊绝非易事；而骄傲自负、自以为是、大轰大嗡、吹牛冒泡，倒更像是某些人的本性或惯技。

　　市场经济中的商业广告、炒作包装、拉帮结伙、吹嘘膨胀，更容易制造大言欺世的骗子。

　　谦逊在老子这里叫"水善利万物而不争，处众人之所恶，故几于道"。待在低洼位置的水，起着有利于万物的作用，不争、甘处低下，知白守黑、知荣守辱。一切心如明镜，仍然保持尚未弄清的混沌状态，一切荣光在握，仍然保持谦卑卑微的风度，从而"故无尤"，不惹是非，不招物议，不犯错误。

　　到庄子那里提倡的是虚静，他讲得极美："虚室生白，吉祥止止"（《庄子·内篇·人间世第四》），一个人的心胸就像一间房室，越是空无沉静，越是明亮清晰，越是成见堆满，越是黑暗糊涂。虚，留下足够的精神空间，也就可以积淀与生发自身具有的无限的可能性。而过分的完满与实有，拥塞堆积，排除了进化与创新的余地。静是对于动起来的期待，是对于伟大坚决的运动的准备与召唤，是宇宙飞船发射前的寂静，是百米跑决赛前对于发令枪的等待。所以，虚与静是如此的吉祥，而膨胀的成见是如此的不幸与可厌。

自律才能自由

说起来，修身云云非常辛苦，非常不自由。但同时，世上许多提倡修身的哲人，包括毛主席，很喜欢讲从必然王国向自由王国的过渡。

人类的历史，就是一个不断地从必然王国向自由王国发展的历史。这个历史永远不会完结……因此，人类总得不断地总结经验，有所发现，有所发明，有所创造，有所前进。停止的论点，悲观的论点，无所作为和骄傲自满的论点，都是错误的。其所以是错误，因为这些论点，不符合大约一百万年以来人类社会发展的历史事实，也不符合迄今为止我们所知道的自然界（例如天体史，地球史，生物史，其他各种自然科学史所反映的自然界）的历史事实。

这是毛泽东 1964 年差不多满 71 岁时的一段文字，这里包含了思索与感慨，包含了他一生的奋斗与思想的经验与教训，他的期待与愿望，他的砥砺与发愤一搏的决绝。

在重庆大足石刻的宝顶上，有一组连环画式石刻，由牛被牧放的阶段性过程，体现出从必然王国向自由王国的飞跃过程。

此连环石刻称《牧牛图》，前后标为"未牧""初调""受制""回首""驯服"，这些都是对必然的感受与认识过程，然后是"无碍""任运""相忘""独照""双忘""禅定""圆月"，一共十二个阶段，经过一番碰撞、放牧、驯化、磨合，最后牛鼻子上终于不需要再拴上绳子，牛身的束缚自动解除，牧人无须看管防备，自由自在地坐在"石巅"上，牛儿与香草圆月禅佛融合一体，叫作"去住纵横得自由"。

有趣的是基督教常称耶稣为牧羊人，称信徒为羊群，称宗教职业者为牧师——牧羊者；也是同一种放牧与被放牧并升华到自由境界的思路。

老子孔子等提倡的理想的自由世界是"无为"。老子提倡对权力系统"不知有之"，或仅仅"知其有之"，就是说民人绝无非法非规、无道无礼的表现，从而对于权力系统，也意识不到他们的管理教化，更无须约束威慑。孔子提倡减少与适当淡化行政及惩罚手段，多用教化道德礼义手段，向往成熟的君子从心所欲、不逾矩的状态。直到马恩所讲的国家的消亡，都体现着从必然王国向自由王国过渡的哲学理想与政治理想。

荷兰靠磨眼镜片为生的大哲学家斯宾诺莎早指出，自由需要理性的认识，即对必然性的认识。（笔者按：自由是周全严密的理论与操作，不仅仅是强烈愿望、激情与诗情，更不仅仅是一种低级的任性与自我中心的本能。）

恩格斯在《反杜林论》中指出："自由不在于幻想中摆脱自然规律而独立，而在于认识这些规律，从而能够有计划地使自然规律为一定的目的服务。这无论对外部自然界的规律，或对支配人本身的肉体存在和精神存在的规律来说，都是一样的。这两类规律，我们最多只能在观念中而不能在现实中把它们互相分开。"

这同样是将认识主客观世界的规律性必然性，视为进入自由王国的前提。但这与佛禅或基督教的被放牧的自由又有根本的不同了。

养气

孟子的一句"我善养吾浩然之气"（《孟子·公孙丑章句上》）影响了中国的许多代人。

"气"，是中华传统文化中的终极性概念之一，是万物的原生态与终结归宿态，是类似分子、原子之类的物理学、生理学，加上精神品质的分析，找出来的最精微的原始物象。

气字在道观中写作"炁"，炁既是气字，又解释成先天的神秘能量，它的上半部分会让我们想到"無"的简体"无"，早在实行汉字简化以前，社会已流行以"炁"的上半部分作为"無"的"简笔字"了。

气聚则"形"成，气散则形亡，这是气的形体发生学，甚至也是宇宙万物的形体发生学。生命未固定成型之前是气，是虚无缥缈，是可能分散，也可能聚集，却难以成形成体，结束后又散落，等待新机缘，形成新的形体、新的生命。万物万象变化生灭，而气长存永在。这实在是我们的老祖宗的一个合情合理、美好完满、心平气和、周到兼顾、难以超越、恰到好处的思路。

近现代物理学的物质不灭与能量不灭原理，可说就是中华古人心目中的浩气长存原理。而读读《红楼梦》中贾雨村对于贾宝玉的评论，那么浩气、正气之外还有阴冷、邪恶、变态、晦昧之气，与阴阳二气的纠葛激荡与变易。

养气的说法也许更多地见于中医学，指一个人通过静坐、气功、调息（有意识地调整呼吸频率与深浅）、太极（拳、剑、球……）功夫，乃至服用白色滋养食品如燕窝、山药等，来强健呼吸功能、改善身心的自我感觉。

道家与佛家都注意打坐，注意腹腔式深度呼吸，庄子与有的禅师还强调要吸气到脚踵即脚后跟处。为此我请教过著名歌唱家，因为歌唱家、广播员、舞台演员都是讲究用腹式深度呼吸来产生发声时的腹腔共鸣的。大歌唱家告诉我，脚后跟没有空间容受空气，用踵呼吸的说法难以成立，但歌唱家歌唱时会感到脚踵的随之振动，或者可以解释是脚踵也参与腹式呼吸了吧。

孟子的说法则将养气的观念从医学、生理学、体育学延伸到道德礼义、人品境界、意识形态、三观构建、情怀格调、志向追求、选择决策上来。

浩然之气，而且善于培养养育，这其实就是文化自信，相信并且坚持自己的正义、正确、刚正不阿、光明正大、坦荡、从容、定力。

文化自信不仅带来了精神的振作与开阔，心灵的美好与丰富，而且带来了身体的生理的结实与力量，与人们说的，坏人坏事丑恶卑劣会带来"生理的厌恶"一样，文化、道德、精神的自信也会带来生理的健美、愉悦、强大、稳健、圆满，带来呼吸消化循环运动系统运作的清明、从容、沉着、有力，带来耳眼鼻舌身、心肝脾胃肾、四肢五脏、细胞神经的结构与功能的全面最佳状态，只觉正气一身，清气满怀，壮气十足，吞吐涵养，卷伸如意。浩然之气就是精神变了物质，变了壮美，变了健康，变成了免疫力，变成了脉搏、血压、血象、情绪、视力、听力、肌肉、骨骼的平衡与合乎标准，变成了坚持力，变成了必胜心性，变成了奋斗精神，变成了昂扬斗志，变成了稳扎稳打，变成了应对合宜、进退有据、瞻前顾后、游刃有余、无坚不摧、百战百胜。

这样的人身上罩着的、心里装着的、游走在近旁的正气强大雄伟、理直气壮、辟邪却恶，是精神的动力、智慧的度量衡、攻防的武装，勇敢端庄的最美形象。

浩然正气是天地正气与本人正气结合的强大的元气，是无所不能无所不在的自我鼓舞与抗逆的力量。而一个圣贤、王者、士大夫、大丈夫、君子、精英，关于养护保持充实培育自己的正气，自己的道德仁义、是非明辨、警贪防恶、亲君子远小人、扶正祛邪，一时一刻不能忽略，一点一滴不能马虎，永远要是非分明、善恶选清、积累正大、清除卑劣、精神营养、心身光大。

修身获得光明的喜悦

修身不是被迫，不是做样子，不是背书空谈教条，不是口是心非，应付主流权力或舆论，不是苦行受罪。修身是光明的喜悦，是成长的幸福，是精神的强健与丰富，是智慧的游刃有余，是境界的提升与开阔，是性格的圆满与自如。乐哉修身，美哉修身，坦坦荡荡，明明白白，越谨慎越潇洒，越严格越自由，越有见识有红线底线越放得开！

正心是修身的根本

心学是中华传统文化的一大特色，一大奇葩。《大学》讲修齐治平，而修身的基本功是正心，心志、心意、心思、心术、心理、心愿，心肠要正，不要邪恶，不要奸诈，不要怪力乱神，不要阴谋诡计，不要巧言令色、天花乱坠。孟子讲恻隐之心、恭敬之心、羞恶之心、是非之心决定了人性——天性。孟子还讲民心，讲得民心者得天下，老子讲"百姓心"（《道德经·第四十九章》），是中华传统政治学的硬核概念。

东汉时期传入中国的佛教，有所谓"三学"，即：戒学，清规戒律，严密管控自己的身体与行为；定学，管好自己的精神世界，管住自己的心志、心愿、心情、心态、心理、心思、波动与心潮起伏。定学又称心宗；慧学，就是用智慧修行的功夫，求得涅槃的成就。有人认为心学起源于兹，这就不对了，儒家根本也是注重心学心功的。仁政、王道、礼义、德治，都可以和心学的说法接上轨。

南北朝时期的道教经典，《真诰》，也有人视为心学的，则讨论通过禅定、静坐、气功、炼丹和某些神秘功法，培养训练自己的真人感、神仙感、与天地融和感、飞天感。

真正对于心学起了决定性作用的是王阳明。

"心即理也"（《传习录》），从表面上看，这是一个绝对的唯心主义独在论，即除了一己的心神以外，再无世界。以存在的客观性物质性理论来辨析阳明的心外无一切说，此说极端荒谬。

阳明的用意不在于论述世界的存在。中华传统文化并不是特别注重与关心世间万有的客观性自然性的存在与演化，它注重的主要是人间，人文、人道、人君、人臣、人子、人妻，人——仁义即人的道德义务。义务在你的心里，良知在你的心里，一生的行动事业贡献或者失败，决定于你的心的正邪、善恶、智愚、顺逆。离开了人心去格物，必然是格竹子式的大失所望。

一朵花在心里开放

王阳明还说，一朵花在没有被你发现与欣赏以前，它与看花人的心都是寂寞的，而当你的心里，有了此花以后，这朵花就放出光芒来了，说明花是开在你心中的。这里阳明承认了、表彰了心与物的互动，这是对于主观与客观对接的一句赞美诗。

它有点二元论的味道了。王阳明并没有不理会花的客观存在，他强调的是没有经过人的发现欣赏爱怜，花的存在或不存在是没有意义的。而唯物主义更强调花，缘由是花与物质世界的存在是主观终将发现发觉花的存在的前提条件。唯物主义注重的是客观世界对于人的母体意味。延伸一步来说，花对于植物学家，对于诗人，对于革命青年，对于正在自杀的怨妇，意义大有不同。王阳明注重的是心灵对于万物的反应、回声与映射，他关注的是你的心灵对于世界的反应，应该正直、良知、良能、善良、文化、智慧，不应该粗鄙、无知、麻木、病态、恶毒、愚蠢。

反过来说，如果心不与物接触，得不到物与世界的信号，得不到对于世界的感知，心也只剩下了寂寞与空无，变成了白痴与呆木。

他强调良知良能，因为一切圣贤教化的要求，不是外来的压迫与捆绑，而是动员、启示、温暖、砥砺、端正。阳明关心的是人的心、人的天性、人的良知良能，是天人合一、天地人三才合一的无条件正当与美好。他的名言："性是心之体，天是性之源"，这也是天人合一，是天地人三才的一体性。他又说："善念发而知之，而充之；恶念发而知之，而遏之。"就是说需要有一种自我评估，自我分辨，知道自己的思绪之一念向善了，予以扩大充实；知道自己的思绪出现了往消极丑恶方面靠拢的苗头了，赶紧有所省悟与遏止。这是很实用的修养方法，毛主席时代将这种思想过程称为"思想斗争"。

他又主张知行合一，不行就是不知。他讲的知首要在于心志，而不是应付考试为难学子的偏僻零碎，也不是已经早早把死背硬记的知识搅了个乌烟瘴气的网络八卦"搅屎棍"，不是什么段子，不是什么"抖音"。他说"志立"，"学问之功已过半矣"。他的教育观念有独到之处，也有独到之偏。

王阳明是大儒，也有人说他是圣人，他又绝无儒生的呆腐气，他不是教条主义的书虫。他说"万理由来吾具足，《六经》原只是阶梯"。他不但有文化自信，更有人类的道德自信、心灵自信、生命自信、天地自信、经验自信。

王阳明的贡献在于把修身与正心紧紧结合。正心之下的诚意、致知、格物诸概念，讲得明通透。

刘少奇的《论共产党员的修养》，则表达了对于修身思想的继承与发展。

修齐治平的关联、统一、整合性

中国的高大上的修身—齐家—治国平天下说，显示了中华文化特有的关联、整合、一体化能力。

首先，它是人伦道德、政治社会、公共管理、法治法制法权统一、文化教育统一。修身是基础，人格是依据，圣贤是形象，仁义是追求，王道是治国纲领，礼义君子是社会风尚，美德是凝聚力、吸引力、软实力、信仰力，通过民心向背，表现为天下归仁、天下归心，天下期待拥戴称颂如大旱之望云霓，于是软实力化为硬实力，王者（统）一天下。

它是天、地与人的一致。天性向善，内圣外王，内外统一，圣王统一，仁义法治法制统一，天道、四时、星相、地貌、阴阳、五行（金木水火土）、八卦、山川、人性、心志、民心、礼法、礼节、尊卑长幼秩序统一。

该聪明就真聪明，该犯傻就真犯傻，是愚与知的统一，进与退的统一，入世与出世或入仕与出仕的统一。不为良相便为良医，是政治与技术的统一，治病救人救世之心的至高无上。

子曰："《诗》三百，一言以蔽之，曰：'思无邪'。"（《论语·为政篇第二》）孔子的"乐而不淫，哀而不伤"（《论语·八佾篇第三》）加上出自《国语·周语》的"怨而不怒"，《孟子》与《荀子》屡屡引用《诗经》的诗篇来论证礼法与义理，还有《礼记·乐记》的"乐者天地之和也，礼者天地之序也"，还有《荀子》对于以乐弘礼的论述，则将天、地、礼、乐、诗、书、文、艺全部一体化了。

中国历代对于某些如今认为是技术性专门性的行业，也都首先强调其人格性修养性哲学性。医生看病，还要讲究医德、医缘，书法家要讲文质彬彬与尽善尽美，反过来如蔡京者，书法再好也是六贼之首。演员也要强调艺德与台缘，更不要说汉代以"举孝廉"，即以是否在家尽孝、当差廉洁来衡量人才，都体现了人格决定一切，道德修养决定人格，人格决定事功命运成败通塞的整合思维模式。

修身从哪里开始？

第一，是从读书明理学习开始，后面还有专节论述。

第二，是从反省自身的缺陷不足做起，"吾日三省吾身——为人谋而不忠乎？与朋友交而不信乎？传不习乎？"（《论语·学而篇第一》）曾子的话，讲的是从每天的为人处世、生活日常、方方面面反省与要求自己。答应别人的事要牢记兑现，尽心尽力，说到做到，诚信无欺，学到的与讲授的一切，都要做到，等等。

孟子说，"子路，人告之以有过，则喜"（《孟子·公孙丑章句上》），乃有"闻过则喜"的成语。经验证明，做到闻过则喜，相当困难，因为人的特点是自以为是，而不以为非。一个比较成熟的人，至少从礼节上要求自己，亲友指出自己的失误短板时，采取冷静客观听取态度。经过一段思索衡量，如果提的意见确有哪怕是一部分道理，应该可以做到感谢人家提供了不同的角度，不同的方面，不同的思路，使你避免片面简单自负，只知其一，不知其二其三，尽管也许仍然难于做到闻过则喜，却能做到闻过则思，思之有理，闻过而感激对方。

清代金缨编纂的《格言联璧》，有一段话非常有名，叫作："静坐常思己过，闲谈莫论人非，能受苦乃为志士，肯吃亏不是痴人。敬君子方显有德，怕小人不算无能，退一步天高地阔，让三分心平气和，欲进步需思退步，若着手先虑放手，如得意不宜重往，凡做事应有余步。"

这几句话，尤其是前两句"常思己过"与"莫论人非"在1949 年前的中国相当普及。整个的退让保全、躲避是非、认怂得安、吃亏是福的说法，或有利于一时一地一人的关系维持，但是不分是非、不思进取、赖皮不尊、怯懦懒惰的精神面貌，绝非吉兆，而是暮气沉沉、衰微无望。

我们在自我修养上，把握好原则性与灵活性，理想性与务实性，进取心与稳健心，坚忍不拔与从善如流，敢于斗争敢于胜利，深思熟虑与时刻调整、取舍、总结经验教训，立于不败之地，力求无怨无誉无咎，同时又决不胆小怕事，任意妥协，这是修养，这是功夫，这是大义，这也是高难度灵动智慧的伟乐无穷的滋味与人生享受。

应该做到的是，随着自身人格的发展完善，终于感到，修身才是人生的第一大享受。

第七章

美德

儒学的魅力

美德在我们源远流长的儒学传统中，是一大特色，一大亮点，一个令人不厌其烦的课题；是一个最简明、最可心、最容易被大多数民人接受，而很少遭到否定反感的命题，而且不仅儒学，许多宗教、民间帮会组织，也都强调其追求是教人学好，学某种与多种美德。

做人、选人、用人、择偶、公关、信用、口碑、反应、反映、市场、前途、成功，都离不开美德。而一切腐烂、动摇、衰微、破产、覆亡、身败名裂，也先从道德面目的可疑与恶化开始。

孝悌

《论语》等儒家经典中有对于美德的多种表述方法。

两个字的应属孝悌、忠恕、仁义、礼义。孝悌是最原生、最质朴的美德，是血亲家庭内部关系的先验之德性，是与生俱来的美善，是不需要后天教导、不需要论证辨析推动的天性。

孝发展起来，成为忠、成为敬、成为效、成为礼的一个方面。而与孝并生的是父母双亲的慈、爱、惠、宽，护佑与化育。

悌发展起来，成为义，成为恕，成为信，成为谦逊，成为见贤思齐、见不贤而内自省，成为己欲立而立人、己欲达而达人。与悌并生的是与人为善、是先人后己、是仪态、是礼，是"四海之内，皆兄弟也"，是"在家靠父母，出门靠朋友"，一直发展到当今的白求恩精神与雷锋精神。

忠恕与礼义

双字美德的表述中，以忠恕二字最为重要。

《论语》上记述，孔子对曾参说："参乎，吾道一以贯之。"孔子告诉曾子，他所坚持崇尚践行的大道，是前后多方一贯统一的，曾子称是。其后曾子向门人解释说："夫子之道，忠恕而已矣。"（《论语·里仁篇第四》）就是说，孔老夫子的大道，概括起来，离不开忠与恕二者。

曾子的说法有简单化实用化的不足，尤其是"而已矣"，显出曾子的鄙陋。因为孔夫子讲过"朝闻道，夕死可矣"（《论语·里仁篇第四》）的话，"道"，是老庄也是孔孟荀等的终极概念、终极价值、终极真理，是比生命还重要的追求，是汉语中的哲学世界观的准神学概念。曾子言论说明他的认知的局限性。但是强调忠恕在美德中的核心性重要性，是正确的。

忠、忠恕、忠义、忠诚、忠实、忠信、忠良、忠厚、忠心耿耿，与忠臣、忠奸之辨，在长期的封建社会中，其对于分清是非曲直、亲疏远近、天下太平、安居乐业的意义，对于帝王君王追求海晏河清、国泰民安的意义，对于建设君子精英社会、落实儒家与部分道家的天道王道仁政礼治理念的意义，不言而喻。

《红楼梦》中的贾政，除扼杀贾宝玉的青春活力与躁动外，一无可取，一无所能。全书中唯一使我感动的是他接待自己的亲闺女元春贵妃的场面。他向皇室贵妃行着国之大礼，向"今上"表忠心：说什么"贵妃切勿以政夫妇残年为念，懑愤金怀，更祈自加珍爱。惟业业兢兢，勤慎恭肃以侍上，庶不负上体贴眷爱如此之隆恩也"。

这里有陈词滥调、封建八股、空话浮词、寄生贵族的伪官样文章，但提到"勿以政夫妇残年为念"，倒也充满跪在大闺女面前时的吾老矣真情，令人泪目。

随着社会的发展，商业、市场经济的发展，还有人的智力的发展，似乎人生日益有争斗化计谋化乃至诡诈化非忠化倾向，也许，这更让人珍惜与期待基本的对忠诚的坚持与忠诚感的不受污染。

老子、荀子，都反对政治生活的谋略化、诡异化。但老子的相反相成观点，又在客观上会成为"将欲废之，必固兴之"之类的计谋乃至阴谋或者奇诡的兵法。

反过来说，这更说明了忠诚、忠厚、忠义、忠孝的品格之意义。当然首先是对国家人民的忠实、忠诚，是对真理与美德、价值与理念的忠实。

孔子的恕的理论十分精彩。恕就是"推己及人"——换位思维，"人不知，而不愠"，"不患人之不己知，患不知人也"（《论语·学而篇第一》）——不要埋怨气恼他人不了解、忽视、委屈你、冤枉你，你应该首先检讨自己的不理解他人，不理解圣贤、君王、长上、君子，更不理解百姓、群体、家国、天下、社会生活、人民疾苦。

孔子更为精彩绝伦的名言是"己所不欲，勿施于人"（《论语·卫灵公篇第十五》）。这是受到法国启蒙主义者伏尔泰盛赞的社会生活、政治生活，人际、国际关系的黄金法则。

这里提到的是"不欲""勿施于人"，却没有讲己所欲，可施或应施乃至必施于人。这是中国儒家思想的缜密与细腻的表现，是一种对他人他国他地他群体的多样性的尊重的表现，是一种民主性的道德讲求。原因是，人们的所欲是不相同的，野人献曝，自己喜欢晒太阳就献计他人都去晒太阳，说明低浅的欲与贫乏的经验或许并没有推广于他人的价值。强人所难，以一己的所欲作为不尊重他人、不了解他人而采取强力行动的借口，则更是恶劣罪过。

西方文化讲恕，则讲的是"当人打你的左脸，你应该再伸过右脸去"，这突出了自身的道义高大上，与对手的野蛮邪恶，与此同时，献脸挨打的信条与实践中的好强争胜相比，这大体上是一句空话梦话。还有西方文化的传教士热情，常常会表现为将己所欲火热加于人、强硬加于人，表现为自以为是拯救世界，却不时流露出文化霸权主义，获得的不是感恩与皈依，而是拒绝与反抗。

礼义之论也极为重要。"礼"，指的是表现出来的规范、规则、秩序、恭敬、文明。儒家坚决相信：讲礼貌、守礼法、懂礼节，彬彬有礼、知书达礼、富而好礼、贫而无谄，就是说人人都文静谦逊、礼敬周全、尊卑长幼、秩序井然，富人不骄纵放肆、穷人不卑贱谄媚，就会天下太平、民风敦厚，社会上也就没有犯罪动乱因素了。

"义"，指三观、原则、道理、纲纪、是非、善恶、美丑、忠奸的标准。中国自古以礼义之邦名世，认为我们的文化应该成就出一个行动有规范、思想有标准、道德有教化的文明国家。现动辄误写为礼仪，未免流于肤浅、拘谨，与礼义的原说法相比，好比打了两折，错大发了。

智仁勇——美德的立体化

三字美德讲得最好的是孔子说的智仁勇，"知者不惑，仁者不忧，勇者不惧"（《论语·子罕篇第九》）。这更像是针对青少年学子说的。不止一位出版社的编辑建议将我谈老庄的著述标上"知者无惑"的标题，证明了老子与孔子的思想的一致性，是青年编辑们难以理解的。老子的奥妙论说，"古之善为道者，非以明民，将以愚之。民之难治，以其智多。故以智治国，国之贼"（《道德经》第六十五章）。

　　知则不惑，勇则不惧，很明白，字面的意义便是如此。仁者不忧，稍微耐琢磨一些。一是仁人性善论，仁者爱人，善人者人恒善之，爱人者易于被爱，怨人者易于被怨，助人者人恒助之，毁人者人恒毁之。因此仁者少有四面楚歌、八面树敌、怨天尤人、陷入泥沼、走投无路的紧张。二是仁者不是绝顶的自私自利者，小算盘打得少些，也就不会有那么多自寻苦恼，患得患失，嘀嘀咕咕，小心眼子。

　　更重要、更显然的是：仁者不妒，而嫉妒是人类的最要命的恶德，一个恶妒者，岂止是忧，他会心恶神狂，他会永世煎熬，他会天怒人怨，他会丑态百出，又何止一个美丽的忧字了得？

　　勇者不惧的说法虽然浅显无疑义，但是古代先哲对于勇的定义很有特色。如《中庸》说，"知耻近乎勇"，强调的是勇于面对自己的失误与挫折，勇于面对自己的过错与短板。这确实是不容易的，也是孔子所强调的。

　　老子的说法则是"勇于不敢"，就是勇于做出不那么逞强的决定和选择。

　　孟子贬低匹夫之勇、血气之勇、一夫之勇，认为那是廉价的也是解决不了什么问题的。苏轼在《留侯论》中，更明确提出"人情有所不能忍者，匹夫见辱，拔剑而起，挺身而斗，此不足为勇也。天下有大勇者，卒然临之而不惊，无故加之而不怒。此其所挟持者甚大，而其志甚远也"。他认为仅仅表现为易怒，拔剑而起，敢于拼命，并不是真正的勇敢，而不惊不怒，深谋远虑，服从大局，务求必胜，这才是格局甚大的真正勇敢。

中国古代圣哲提倡的是清醒的勇敢，慎重的勇敢，有影响力与组织力的人众的勇敢，理智的勇敢与战略的勇敢，而不是一时的莽撞与冒险。

四维与八德

四字美德：孝悌忠信、礼义廉耻（以上称八德，或称礼义廉耻为四维），文质彬彬、温文尔雅、礼义之邦、知书达礼、仁至义尽、与人为善，等等，相对比较周全，比较普及，比较脍炙人口。

四维八德的说法主要是对朝廷权力系统讲的。可惜的是，美德的各种说法确实很好，仍然有许多命官重臣因循苟且、贪婪腐败、身败名裂，他们的存在不但毁坏了自己的身家性命，也玷污了中华文化传统美德提倡与说教的公信力。

伟大中华，五千年出现了许多圣贤、王者、忠臣、功臣、英雄、战将、俊杰，以及三教九流的出色人物，流芳百世，致敬万年。同时也将臭名昭著的贪腐奸佞钉在历史的耻辱柱上，其中明朝的魏忠贤、清朝的和珅，作为皇帝宠信、太监亲信、皇亲国戚、各种职务名衔拥有者、各种权力与财富攫取者、贪婪囤积者，从荣华富贵、得意扬扬，到物极必反、天怒人怨，最后畏罪自杀、赐死而亡，是美德教育的绝佳反面教材。

陈毅诗曰："手莫伸，伸手必被捉"（《七古·手莫伸》），警钟长鸣，言犹在耳，再想想今世反贪反腐案例，不能不重温四维八纲的严正与清明、谨慎与光大。

全局性的五德五常

文质彬彬、温文尔雅，与五个字的温良恭俭让一样，更多的是指君子文化、君子风度，或嫌文静柔弱有余，强壮开拓创新英雄气概不足。

美德的五字说法首推"仁义礼智信"五常——五德，前三项乃孔子提出，孟子加上了智，使其带有某种精英主义性质。董仲舒又加上了信，似乎增加了社会政治交际的内容。这里已经包含了仁义、义礼这样一些儒家美德讲究的核心内容。智与信的美善性、实用性、社会有效性与利群性也是容易被普遍接受的；它是中华传统文化各种道德讲述中的一种比较通俗，略嫌一般化、通用化的说法。

恭宽信敏惠，是孔子对仁政的要求，其内容接近于对官员的期待。恭敬尊严，不能轻慢贬低社会与百姓，也不接受他人的轻慢贬低；宽厚包容，不怕自己不被理解，怕的是自己不理解他人，这样的人才能得民心；诚信待人做事，说话算话，应能得到信任，获得公信力；敏锐敏捷敏于行，才有主动性，有效率成绩功效；惠是务实、利民、利家国，叫作普降甘霖、润泽八方、施惠天下。*

温良恭俭让云云，在革命斗争、夺取政权时期，不合时宜、

---

* 子张问仁于孔子。孔子曰："能行五者于天下为仁矣。""请问之。"曰："恭，宽，信，敏，惠。恭则不侮，宽则得众，信则人任焉，敏则有功，惠则足以使人。"

《论语·阳货篇第十七》

打入冷宫；在一般寻常情况下，与同学同事同仁同行同僚相处，不能不讲；相反，各种同行是冤家、羡慕嫉妒恨、拉帮结派、"内卷"无边、乌烟瘴气、挑拨离间的恶劣低下、歪风邪气情势下，温良恭俭让的君子之风，还是很有勇气、有价值的。至于必要的坚决斗争、疾恶如仇，则是另一方面的美德讲究，与内部的君子风，并非相悖。

士德的等级

有个有趣的话题，历代众说纷纭。《论语·子路篇第十三》里谈到了士的品质与等级，士一般指有担当、能做事的男子乃至臣子，指官吏或读书人，指习武者，指社会精英骨干。

子贡问曰："何如斯可谓之士矣？"子曰："行己有耻，使于四方，不辱君命，可谓士矣。"对于能代表一国的士人，最重要的品质是尊严，出使四面八方，完成任务，不给君王丢人，是国级人士。这样品级的人，当然必须自尊自重，不能自辱，不能丢份儿，不能耍赖，不能低级无耻，不能胡说八道，不能说话不算话。

曰："敢问其次。"曰："宗族称孝焉，乡党称弟焉。"就是说次等的士，是指在乡域、乡亲、族人中得到孝悌的肯定赞誉的人，类似于士绅直至乡贤。

再下一等的士，说是："言必信，行必果，硁硁然小人哉！——抑亦可以为次矣。"第三等的士是怎么说就怎么做、怎么做就有怎么样的结果的办事人员。这也就是呆板凿实的普通人吧，但仍然算是一个过得去的群体。具有某个等级与某种品性，而且比当时的一般官吏还是强得多。

曰："今之从政者何如？"子曰："噫！斗筲之人，何足算也？"是说当时的实有官吏，渺小卑微，不值一提。压根就不能算士，不配称士。

孔子等于是说，代表邦国的士人，关键在于尊严、道德、不辱君命，形象良好，尤其在外交方面，其实是难于做到句句话真实可信，件件事有始有终的。孔子可能自以为是说了一句成熟的实话，但又违背了他的为政以德的原则。惜哉。

如今的社会，生产力、知识、技术与人的大脑的发展是绝无疑义的，但诚信的状况不无令人担心处。言必信，行必果。特别是所谓"重然诺"的美德，深入人心。孟浩然称颂侠士的

名句是"四海重然诺，吾尝闻白眉"*，说三国马良，眉毛中有
白毛，在兄弟五人中最为杰出，他的特点是答应了什么做到什
么。李白的句子"三杯吐然诺，五岳倒为轻"†，更加惊人，侠
士在酒桌上的应许，重于泰山。戏曲里更有说话不算话，甚至
为恶恩人、获罪上苍，酿成惨剧恶果的故事。无论你查证出什
么孔圣人孟亚圣的原文，人民心中对于言必信、行必果的期待

---

* 《醉后赠马四》
（唐）孟浩然
四海重然诺，吾尝闻白眉。
秦城游侠客，相得半酣时。

† 《侠客行》
（唐）李白
赵客缦胡缨，吴钩霜雪明。
银鞍照白马，飒沓如流星。
十步杀一人，千里不留行。
事了拂衣去，深藏身与名。
闲过信陵饮，脱剑膝前横。
将炙啖朱亥，持觞劝侯嬴。
三杯吐然诺，五岳倒为轻。
眼花耳热后，意气素霓生。
救赵挥金槌，邯郸先震惊。
千秋二壮士，烜赫大梁城。
纵死侠骨香，不惭世上英。
谁能书阁下，白首太玄经。

与认同，是无法推翻的。

美德说的困惑

传统文化中讲了那么多的仁义道德、修身齐家，但是你看看《红楼梦》《金瓶梅》《水浒传》《儒林外史》，乃至看看《东周列国志》及一些演义小说，再读读鲁、郭、茅、巴、老、曹，你又会产生怀疑：真能做到修身齐家吗？还是满口的仁义道德，满肚子的男盗女娼呢？

这里，第一点，性善论不是绝对保险的。荀子也好，法家也好，都承认性不甚善，乃至性有利己贪欲嫉妒的那一面。故而他们或者强调后天的教化优化律己克己的这一面，或者像法家那样，强调针对人的本性本能，有所奖惩，有所引领，有所严禁，祛恶祛非，改恶从善，是不可忽略的。

而性善论者如孔孟那样，也要强调克己复礼，强调不要受后天的恶习恶人的影响，泯灭了自身善良的本性，也不能一曝十寒，任凭善性弱化与泯灭消失。

　　绝对地取消竞争，互相谦让，义而祛利，也是难以实现的，而且只强调善，因善而不争，不利于社会的进步与生产力的发展。可行的是扩展与提升义利观，规范君子之争、公正之争，缔造良性竞争的方案，完美竞争规则，加强法制法规礼法建设。

　　再者，美德美矣，但美德的讲究毕竟不可能像法律条文那样具体。老子说，"天下皆知美之为美，斯恶已，皆知善之为善，斯不善已"，有了"美"的概念，必然就会比较而生"丑"的概念，有了"善"的概念，必然发生"不善"与"恶"的概念。这样，就会产生何者为美、何者为丑的争执，还会产生真美还是假美、真善还是伪善的辨析，还会出现为了获取美善的名义所带来的实利，而表演美德的伪善伪美现象等。

　　老子还认为道法自然，人心本来朴素天真，自然向善，过分地说教训诫，自找麻烦，烦琐累赘，反不可信不可取。

　　一个是虚伪，一个是争夺，一个是判断上的不一致，一个是美德与性情的有时不尽接轨，使得修身说与美德说听来虽然很好，实际上落实得不能说很理想。

　　从教化的观点来看，当然做人应该首先是树立美德修身的榜样，蔺相如、闵子骞、关羽、诸葛亮、魏征、寇准、包拯、岳飞、文天祥、于谦、海瑞、史可法等人的名字与记录，确是体现了美德修身的光辉。而一些虚伪卑劣之人，毕竟在美德修身的大道理面前，露出了原形，从反面证明了美德修身学说的力量与重要性。

其次是价值观念、美德观念、舆论与风气的形成。美德是可以共享的，它确实带来的是一地一方一种类型的美好、幸福、开心与文明，而恶德带来的是一地一方一种类型的恶意、烦恼、损害与焦虑。做一个好人，动一些善念，做一些利他利人利家利乡利民利四方的事，己所不欲，勿施于人，己欲利而利人，己欲达而达人，同情他人，帮助他人，施以援手，助人为乐，抑制恶念，换位思考，理解他人，种瓜得瓜，种豆得豆，对于多数正常的人来说，应该是可以做得到的。人心是可以优化的，人际关系是可以美化的，从自己做起，从自身要求起，消除乖戾，增益善良，人们是可以收获光明与欢乐的。

问题是，以为一讲美德，一讲礼义，一讲王道，一讲圣贤，就能家庭和睦、国家治理、天下太平，应说是一厢情愿。治理和太平，除了天道美德文明软实力以外，还需要政治与社会结构与制度的合理，生产力的发展，军事、强力部门硬实力的发达与平衡，还需要法治与法制的完备，还需要文化教育事业的蓬勃发展。大道有至简的一面，也有至繁至艰至巨至辛苦的一面。只讲一面，难以服众，更难以有效实践。

道德讲究的尴尬与悖论

中华先哲极为重视道德的文明规范，认为一个君王，一个圣贤，一个社会，有了良好的道德品格，就几乎可以做到一通百通、百战百胜。

但是，脱离开具体情况，把道德的讲究绝对化，就会出现尴尬。

例如脍炙人口的"千里送京娘"故事，说是宋朝开国皇帝赵匡胤，青年时代，拔刀相助，救援了陷于匪手的少女赵京娘，并与之结为兄妹，护送她回家。京娘感激，愿以身相许，被匡胤拒绝，京娘投湖自尽。赵匡胤之救援是见义勇为的高尚，其严词拒绝则是为了避免被认为与匪徒同样好色的嫌疑。道德文化带来了正义的胜利，避免了少女的灾难，但绝对化的严讲死守压力，导致的不是幸福美满，却是永远的遗憾。

越王勾践卧薪尝胆、忍辱负重，十年生聚、十年教训，刻苦自励、发愤图强，以举世无双的坚忍坚韧苦熬苦做，完成了复国克敌大业，堪称惊天动地，但是他的行为与可杀不可辱的尊严原则相悖谬。而此人取胜后，大功臣范蠡激流勇退，并认为勾践的相貌特征是"长颈鸟喙"*，脖子细长，口部前突，像鸟嘴一样；另一位功臣文种，听范蠡的话迟慢了一些，死于勾践之手。这个故事既歌颂了人的卧薪尝胆精神，又让人得出不能单纯以成败论英雄、完美的道德人格毕竟比惊天大业更重要的教训，也引发了道德与事功的悖论。

《三国演义》里虚构的"诸葛亮巧算华容，关云长义释曹操"的故事，将义气与立场、纪律对立起来，类似地，被俘的将领时不时会受到以"良禽择木而栖，贤臣择主而事"来招降纳叛的诱引，置忠心耿耿于无地。

还有管仲的伟大事功与政治身份蜕变，以及管氏早年的与友人合作多占便宜有理的故事，令圣人孔子谈起来也嗫嚅拗口，说不清道不明了。

这说明，道德是一个方向，是一个向往，是自觉自尊自律，同时不能极端化、绝对化、简单一律化。

---

* 范蠡遂去，自齐遗大夫种书曰："蜚鸟尽，良弓藏；狡兔死，走狗烹。越王为人长颈鸟喙，可与共患难，不可与共乐。子何不去？"

《史记·越王勾践世家》

美德是精神境界的高扬与力量

是的，美德曾经受到质疑。美德可能有它的尴尬，原因是美德全面、周到、宏伟、高尚，是人间品德的喜马拉雅，是圣贤的品相，有它的难以企及、难以周全的一面。而恶行恶德会利用美德做伪，以极美全德为尺度攻击陷害他人，以美德说法压迫妇女儿童，还有颠倒黑白美丑的种种历史记录。五四时期曾经有以鲁迅为代表的对于中国经典美德学说的质疑与反思，例如他对于《二十四孝图》的批评。

但是在小人、庸才、恶行、恶德与美德、美行、美谈、美善之间，除少数对妇女儿童、低端人士的歧视性压迫性伪美德外，多数情况下，我们仍然只能选择美德美行，不能选择恶德恶行。取法乎上，仅得其中，明白这一点，不可对公众苛求，也不可对自身懈怠、放任从俗从恶从伪。要有自己的奉公守法遵纪无恶为底线，还要以美德为向往与追求、标杆与理念。

我们可以得出以下的结论：

道德是用来律己的，是自我的精神需要。道德不是管理的工具，不是运营的手段，道德的特色是从容自然，是仁爱善良，是克己复礼，是反求诸己，是默默实干，是笃诚平静。

美德忌讳自吹自擂，忌讳以之苛求乃至攻击他人。

美德是光明，是喜悦，是快乐，是充实，是信任与自信，是幸福与播种，是功德与积蓄，是忍耐也是期待，是贡献也是圆满，是牺牲也是丰收，是生命的恰适与温暖。亲近美德、践行美德、相信美德、相信自身能选择与实现美德的人是多么幸福、舒展、自由、高尚、优美！

而恶劣与恶毒、加害与嫉妒、阴谋与诡计，在陷害压迫侵扰他人之前，首先是侵害了自身，阴暗了自身，恶毒了自身，窒息了自己，毒化了自己的生活、生命、亲友、环境。是把自己推到了灾难与折磨的祸患沼泽里。

美德的利他性与谦逊性朴实性具有一种说服力吸引力，是一种人格魅力，是一种所向无敌的普遍感化与说服能力，是一种获得肯定支持美誉的精神开拓前进局面。是既能独善其身，又能兼善天下，既能坚强如钢，又能上善若水，既能血脉偾张，又能冷静清爽，既能稳如泰山，又能迅雷不及掩耳地应对行动的品质。

多数美德是一种不计得失的追求，不求效果的动机，决不显摆的品相，即便遭受误解与攻击、经历坎坷与冤枉，仍然自有道理、自得其美其乐，仍然其乐无穷，仍然纯洁端庄，仍然笑对人生：胜固可喜，败亦犹荣；在逝者如斯的时光激荡与冲刷中，美德更加德美、正直、常态，形成真正的人民标杆、精英精神、拯救热情、淡定心态与纯朴风范，形成应有的美好品格、质地、境界、能力。

第八章

君子

君子小人之辨

长期以来，中华传统文化中的主流——儒家学派，强调中国特色的精英文化，对这种中国特色精英的说法，可以是巅峰的"圣王""圣贤""王（天下）者""国士""士大夫""人杰"，可以是"大丈夫"，可以是"仁者""义士"，可以是"君子"。君子的对立面是"小人"。君子对比小人的说法在各界各地各群体中，最为脍炙人口、广泛流传。

君子小人，基本上不是一个阶级官职与经济地位的说法，而是一个对于教育教养、文明程度、品质内涵、精神素质的高低文野阔狭美丑的分辨。在庶民当中，"小人"云云，最多言其低下，并不意味着多么恶劣。孔孟都指出"言必信，行必果"是小人的特点，这里的小人指的是缺少更大的格局，更大的主动性、创造性、调整、应变与发展能力的普通人士。

但在高层权力运作空间，"小人"之称就很可怕了。诸葛亮在《前出师表》中指出："亲贤臣，远小人，此先汉所以兴隆也；亲小人，远贤臣，此后汉所以倾颓也"，小人的得计，被认定为后汉皇朝走向灭亡的主要原因。

君子的中庸之道

孔子说："君子中庸，小人反中庸。君子之中庸也，君子而时中。小人之反中庸也，小人而无忌惮也。"（《中庸》）

就是说君子是守持中庸之道的，小人是反其道而行之的，君子对于中庸之道，是时刻都在践行的，小人那里的中庸之道不能守持，因为小人是要胡作非为的了。

孔子等大儒提出了大量君子与小人的区别，如"君子坦荡荡，小人长戚戚"（《论语·述而篇第七》），"君子喻于义，小人喻于利"（《论语·里仁篇第四》），都比较容易理解，但为什么君子讲究中庸，小人反对或至少是不守持中庸呢？

这是孔子等的一个重要发现。什么是中庸？中的含义是准确、合适，不过度也不折扣，不片面，不极端，毋为已甚。用今天的话说，是科学性、准确性，其义更近乎去声的中，打靶十环的中。庸是正常、普通，是可用与有用，即有效性、务实性与建设性。君子是受过教育的，懂得自律的，有家国担当的。他们注重个人修养与思想境界，做事追求准确、适宜、正常、有效，防止使气任性、感情用事、夸张无度、过犹不及。毛泽东称之为：装腔作势、借以吓人。更简单的说法：越是并无一技之长一孔之见的小人，越要闹哄极度。

这里说的肆无忌惮，正是由于小人言行没有尺度，没有标准，没有界限，没有底线，也就没有了原则，没有了掌控自律，就会是风、闹、震、哄俱全，与人为恶、浑水摸鱼、兴风作浪。

说到这里，此种小人说，或与如今的民粹含义有相通处，他们有一定声势，需要很好地对待与团结，他们常常有对于高大上者的羡慕嫉妒恨，而在所谓优胜者倒霉的信息中获得安慰、宣泄与快感。他们人云亦云，幸灾乐祸、添油加醋，唯恐高大上不长体癣烂疮。

君子小人的问题，是品德的问题，也是修养教化的问题。还是治理与用人中的课题。想想两千多年前有关的一些说法，不能不佩服先贤的眼光与警示。

坦荡与戚戚

传统文化中关于君子与小人的辨析，表现了中华文化对于修身，对于人的自我修养，人的精神境界、精神素质、精神能力、精神内涵、性格完善直至心理结构的重视。也可以说那是古人注重各人的"内功"的表现。

如何区分君子与小人呢？如何看一个人的精神心理品质与结构呢？最简明、最形象、最通俗易懂的话，莫如孔子说的"君子坦荡荡，小人长戚戚"。就是说，君子充满阳光、表里如一、心怀宽广、实实在在、乐观开放、舒展自如；而小人呢，格局窄小、鼠目寸光、贪图小利、阴暗狭隘、嘀嘀咕咕、心口不一、患得患失、期期艾艾——这四个字本来是形容结巴，这里是说小人没有礼义大道，话也说不出个名堂，只能结结巴巴、吞吞吐吐、磨磨叽叽，永远地苦恼，永远地冤枉怨毒，乃至永远地危殆恐怖与心慌意乱。

这是两种截然对立的精神趋向、精神面貌、心态与表情。君子与小人，别如白天与黑夜，他们应该是视而能见、闻而能觉、极易分辨的两类人。后者是一种怀疑性、敌视性、恐惧性、迫害性的准精神病态。它会影响一个人的心理健康，影响一个人与社会与公共生活的关系处理，造成与他人的关系的恶化、虚伪化，影响一个人三观的健康与积极，会使这样的人成为家国族群乡里的消极元素。

为什么君子坦荡荡呢？关键其实是君子的文化自信。自己想得正，反应得正、判断得正，包容、承受、回应、反制得都有理有利有节，合道合理、合乎文明规范，大大方方，这样，他不论遇到什么困难挑战，都处于主动地位，处于不败情势，处于堂堂正正、风正帆悬的状态。

而小人的戚戚忧伤呢？孔子、荀子都说了，病（患）根子在于患得患失、疑神疑鬼，自己欲求的私利没有得到，小人为贪欲不得而憋屈、煎熬受罪。得到了私利，如官职名利，又怕保不住失掉夺走，更是捉襟见肘、动辄告急，比没有得到私利时更不放心，更加煎熬难受。

这要认真选择了。君子一身正气，光明正大，坦白公正，小人洋相出足，漏洞百出，苦不堪言，自寻烦恼。何去何从，还需要多说吗？

君子和而不同

孔子说："君子和而不同，小人同而不和。"（《论语·子路篇第十三》）

这两句话准确有力、深刻隽永、生动传神、无与伦比。

"同"在中华文化经典中是一个极好的字眼，首先，大同是政治理想的终极高峰，世世代代，各种群体与个人几无异议。二是墨子的学说首推尚同，含义是各色人等特别是社会精英要趋同向同认同于天子，天子的一切言行治理决策要趋同向同认同于"义"——公认的方向、纲领与原则，天子的义，还要趋同向同认同于天——天命、天道、天心、天意、天良。这里的"同"是至高无上的一个字。三是同心同德，同甘共苦，二人同心、其利断金，这样一些德性口号、俚语，说明趋同向同认同有利于万众一心、成功成就。

还有，一般地说，"同"在汉语里有共同、相同两个主要含义。共同，在英语中一般讲就是 common，它是公共、共产主义、共产党人、公社的词根，对于今天的中国是一个须臾不可离开的字。但世界大同一词，不译作 great common，却译作 great harmony。而 harmony 如果译成汉语，则是和谐和睦一致融洽的意思。也就是说英语中的和谐和睦，透露着既是和中有同，又是和中有不同即和而不同的意趣。

像孔子这样提出什么什么不同来的，在中国古代儒学经典中相当少。为什么是和而不同，为什么君子会和而不同呢？又和又同岂不更好？

这个不同里的"同"字，与大同、尚同里的"同"，"同心同德"里的"同"字，即作共同讲的"同"字，有所不同，它指的是"苟同"，即"不恤乎公道之达义，偷合苟同"（《韩诗外传》），是指无原则的、轻率的、不负责任的，有时是虚伪的表面的相同赞同。很简单，君子是有教养有责任感有原则的，他的准则是义与天，用今天的话来说就是方向纲领原则与历史的客观规律的共同性，为了修齐治平，为了孝悌忠信礼义廉耻，他们要时时追求最好的选择与应对，同时，各人背景学养性格思路角度各有不同，叫作"人心不同，各如其面"，有某些不尽相同的想法、习惯、说法是难免的，但同时他们具有大方面大纲领大原则的一致，三观与文化道德的一致，所以即使有所不同，也是和谐和睦的，是和中而有大共同的，是能团结能合作能同心同德地共同做事的。

和而不同，通向光明正大，坦诚相待，通向诤友益友，礼义为先，通向各尽其能、各任其职、各尽其力、各问其责；也通向矛盾统一法则，通向"实践论"与"矛盾论"，通向交流、互补、双赢，通向多元一体的中华文化观，通向协商民主与民主集中的理论与实践，当然，更是通向百家争鸣与百花齐放，通向交响乐与大合唱。

而小人同而不和呢，就更绝了。想不到孔子两千五百年前的判断，竟然能从现代革命京剧《智取威虎山》中"座山雕"

山头的人际关系与一些国外描写黑社会的故事影片中找到例证。小人同盟，建筑在一己的利益追求上，狭隘偏私、违法乱纪，狐群狗党、酒肉朋友，口蜜腹剑、互相利用，好的时候如胶似漆，一旦反目，活活吓死人。堂堂孔子，温文尔雅，怎么会看透这类低俗苟且的玩意儿的呢？

君子反求诸己

孔子说："君子求诸己，小人求诸人。"（《论语·卫灵公篇第十五》）

一件事情办好了，一个机遇出彩了，一样成绩成功与彰显了，靠的是什么呢？

一件麻烦挡路了，一个不实的说法给你抹了黑，一个你本来认为做起来必成无疑的差事，你没有机会了，受到误解或冷遇了……怎么办呢？

孔子说，如果你是君子，机遇来了，你首先要考虑：自己准备好了没有，自己的德行、学识、本领、功夫，过不过硬，能不能胜任乃至游刃有余？你有哪些不足短板需要立即弥补乃至"恶补"，要调整匡正，需要充实提高？你需要沉下心来，端正态度，给自己出考试题、留作业；而绝对不允许心浮气躁、自吹自擂、得意扬扬、皮毛卖弄、谋取私利。一切机遇、一切成绩，是光耀，也是危殆，是阶梯，也是陷阱，不容你掉以轻心、形式过场、误国误民、坑人坑己。

遇到不顺、失利，君子会先想到自己的责任，自己的不可能完全没有的缺失、失误，大意失荆州、昏招出洋相，然后总结经验教训：人非圣贤，孰能无过，过而能改，善莫大焉。你要坚持真理修正错误，要知之为知之，不知为不知，实事求是，屡败屡战，步步提高，争取改进。

而如果是小人呢？好事坏事，他想到的是背景，是他人，是一切借助权势幸运关系学，是人为地拔高自身，是紧跟贵人以求援手。小人本人没有一技之长，不学无术，手里不出活儿，还要伸手讨要，因人成事，厚颜少耻，磨磨叽叽，不知自重。

小人的世界观也是"求诸人"三个字。小人"观世界"都从最下等最低俗角度入目，小人"想世界"、认知世界，都遵循极粗俗卑下的利益逻辑。沉浮上下，成败利钝，功过是非，在小人看来，都决定于背景、运气、他人关系学。好事成就，都是夤缘时会、攀附高枝、三亲六故、山头同乡、利益输送的果实。而坏事出错碰壁，则是轻忽得罪、八字荒唐、拜谒非人、怀玉不遇的结果。我这里没有用"怀才不遇"的成语，因为小人们自己也知道，他们确实无才无善可陈。而他们的"玉"，不过是钻营投机的鬼机灵而已。小人的特点，是除了不在自己的德性知识、业绩修养、踏实苦干上使劲以外，什么都吭哧吭哧，邪劲用足，废话说够，一事无成，徒添丑态。

那么应该怎样做才是君子之风呢？这方面的意思，传统文化中多以"反求诸己"四个字来表达。反过来说，小人是求诸人的，人生在世，对环境，对他人，对出身，对领导，对部属，乃至对原籍、原校、父母师友、对天时地利人和，都会喷有烦言，嘟嘟曤曤，自己各方面越差，不满就愈多。小人的一切挫折，都归咎他人。

"反求诸己"为什么是君子的特色呢？能担当、能自谦、能改过、能学习、能提高、能操作，不论做什么，靠自己的真人品、真本事、真奉献、真格的。即使在困难条件下乃至在逆境下，仍然坚持行有益有用之事，做有益有用之人，说有益有用之话，读有益有用之书；能坚持、能再战、能胜利，能面对真实、严于律己；不怨怼、不消极、不乱喷、不泄气、更不咬群，不制造事端与分裂混乱。这当然是君子。人民也好，上级也好，归根结蒂，肯定赞扬的是求己律己的君子，而不可能是怨天尤地、平添晦气的小人啊。

君子的义利观

孔子对于君子的定义，强调"君子喻于义，小人喻于利"。简单地说，君子做事，考虑的是原则义理，小人做事，考虑的是利益得失。

《孟子》开篇，就先告诫梁惠王，要辨别义与利，要重义轻利，即重视原则纲纪义理，而把一时一地一事的利益特别是个人的得失与财利，放在第二位。如果一个邦国"上下交征利"，君臣都在追逐、争夺私利财利，而不是首先维护道义理念、仁德仁政原则，不是事事考虑到天道天理天良天命，不去亲民爱民获得民心，那么，孟子说"国危矣"——你这个邦国可能就要完蛋啦。（《孟子·梁惠王章句上》）

荀子的说法是："先义而后利者荣，先利而后义者辱"（《荀子·荣辱》）。就是说，你首先重视了坚持了做好了符合大义大道理大原则的事，从而获得了国家的利益、民人的利益、个人的利益——晋升、奖掖、名声、称号等，这是光荣的。你率先考虑的是私利财利、一时一地的眼皮子底下的利益，而后才考虑到原则义理纲纪，再找补大义正义，即使获得了某些好处彩头，也难以避免有识者戳你的脊梁骨的耻辱。

下要服从上，小要服从大，一时要服从久远，要像张载说的那样"为万世"，这是中国儒家传统文化的一个重要思想方式。

曾子讲得更厉害，他说："君子见利思辱，见恶思诟，嗜欲思耻，忿怒思患，君子终身守此战战也。"（《大戴礼记·曾子立事》）君子越是看到利益，越要想到自己的尊严，不能轻率接受某种可能不怎么光明正大、合理合法的利益，更不能贪利失态失准，因利取辱。见到恶人恶事，君子应该想到这种负面的人与事会受到怎样的谴责与诟病，会带来多少后遗症。自己有什么非理性的过分的嗜好欲望，要想想自己的嗜好欲望表现，会不会带来耻辱丢丑的后果，而自己的一时感情冲动、激愤发泄，会带来什么样的后患恶果。想到这些，君子一生中不可放肆，不可违反礼法规矩，只能谨慎小心，律己从严，有所怵惕，有所约束。

曾子的说法，也与孔子讲的"克己复礼为仁，一日克己复礼，天下归仁焉"（《论语·颜渊篇第十二》）相通，因为作为孔子倡导的核心理念"仁"，也正是义理的首要内涵。

古代圣贤讲了这么多重义轻利的道理，但同时又留下了那么多奸臣贪官的可耻记录，赵高、李林甫、蔡京、高俅、秦桧、严嵩、魏忠贤、鳌拜……罄竹难书，这说明了私利诱惑的危险性，也说明了整顿朝廷风气、官场风气、社会风气的难度与实现"礼义廉耻，国之四维"的不可一时稍怠。

从利字、利的概念来说，利其实倒也并不总是义的对立面。"苟利国家生死以，岂因祸福避趋之"，这一名联出自林则徐诗作《赴戍登程口占示家人》。林则徐用的是《左传·昭公四年》所记郑国政治家子产的名言"苟利社稷，死生以之"。说对有利国家的事，决不犹豫退缩，可以为之生，为之死，为之牺牲小我的一切，不可盘算做这样的事给个人带来的利害祸福，而要勇于担当、出头领先。换句话说，国家、人民、族群乃至全天下全人类的利益，根本的长远的利益，就是大义、正义、义理。

从后世的观点来看，孔子所讲的喻于义与喻于利，应该说超越了一个君子一个小人的界限，而牵扯到一边是忠良圣贤，一边是奸佞国贼的两个极端范畴的对立了。

周而不比与比而不周

孔子说："君子周而不比，小人比而不周。"（《论语·为政篇第二》）"周"，是说亲和、合群、周到、周全、圆满；"比"，是说朋比为奸、勾结宗派、利益勾结，一种狭隘性劣根性破坏性。

庄子名言，"君子之交淡若水"（《庄子·外篇·山木第二十》），就是说贤良之人相互交往，不追求虚张声势、华而不实，而是像水一样的纯洁自然，无色无味。君子——受过良好教育与讲究品德高尚的人，相互交往，不追求个人关系的亲密热络，而是道义理念之交，是讲原则，可以相互提意见、提批评的诤友，是交流学问道德文章的精神同道。而小人的利益互相输送，甜言蜜语、吹牛拍马，反而表面上热乎如甜酒之芳香醉人。

当然，庄子有庄子的一切看透、类似超前"后现代"的把世界看成一个平面的所谓"齐是非、同善恶"特点，他体会不到理念与追求一致的同志间的火热深情。

还是孔子说得更准确，"周"，是大义、大局、全面，是五湖四海、统筹兼顾、胸怀阔大、目光高远，是最大多数人的最大利益；而朋"比"，是私情私利，山头帮派，小圈子，十几个人、七八条枪，抠抠搜搜、浅薄自私、恶劣丑陋。

老子也讲得好，"圣人无常心，以百姓心为心"。没有个人成见偏见，处处考虑民心民瘼民利民意，这也就是周而不比。

周与比相较，是非、高下、明暗、荣辱，本来是分明立见的，为什么小人即平庸低俗之人偏偏不要周，而只要比呢？

第一，小人没有理想信念、真才实学，更没有道德情操、使命责任，又没有威信影响、与人民的密切联系，却又斤斤计较、经营盘算，逐利求肥、怨天尤人。他们只能是因人成事、勾结串通、低级趣味、制造假象、浑水摸鱼。

第二，小人的特点是嫉贤妒能，排挤人才，自身不够尺寸，却又不事学习，不求进步，不接受新鲜事物，不读书，不看报，不修身，不是见贤思齐，而是见贤思毁，思泼污水，见缝下蛆。自己既然乏善可陈，只能靠别人尤其是显然比他强的人受挫不顺，甚至是唯有靠成功者胜利者的倒霉来安慰自己。小人浅薄一些，本来不算大恶，一加上嫉妒，与人为恶，不顾大局，就是古人所说的"国贼""奸佞"了。

第三，小人低劣，不相信美德，也不相信才具，不相信事业，也不相信公心。小人对于一切成败利钝、发展变局、兴衰通塞，都是用最卑下低俗的眼光看待解读的，他们看得见、传播出去的，都是见不得阳光的东西。他们相信的唯有朋比为奸，利益输送，绝对不相信顾全大局、公而忘私。

还有小人中的拉拉扯扯、心口不一、同行是冤家、造谣生事、抹黑中伤、恶言四溅、成事不足、败事有余……恶相百出，不能不警惕之克服之清除之。不能不光明提升净化我们的境界心志、精神生态。

君子面面观

据说最初君子一词指君王之子，表达受过良好教育、道德与风度比较高尚的王室新生代。后来，追求道德风度的人也都喜欢君子的美名，对君子的内涵的拓宽与讲究日益丰富起来。

《史记·孔子世家》有云："君子祸至不惧，福至不喜"，这个说法很高位，但是难于做到。福之为福，使人喜也，祸之为祸，使人难喜而悲愁也。但《史记》作者司马迁，在表彰儒家圣贤之际，仍然颇为推崇这种境界。他毕竟是以"究天人之际，通古今之变"为己任的伟丈夫，有感于历史记载中的祸福通塞、命运无常，强调心理素质、自我掌控、平衡心态，至少君子可以努力做到比俗人小人更坚强、沉稳、理性、淡定。

"夫君子之行，静以修身，俭以养德，非淡泊无以明志，非宁静无以致远。"大名鼎鼎的诸葛亮《诫子书》中的这几句话家喻户晓，有一种高洁，有一种纯正，有一种守持，有一种坚定。这里的"静"不是指减少声响，而是指心：不贪婪、不私欲、不闹腾、不添乱。这里的"俭"是一种对自身欲望经营的压缩，以及对于民力民时各种资源的爱惜。淡泊明志，此四字尤其可爱。淡泊，是对自己的名、位、利、欲的从严限制，不是官迷，不摆架子，不高高在上。明志是端正净化自己对于家国君王长上的义务担当心意，不受低俗卑微的计较盘算、患得患失的干扰，当然能够宁静，能够专心做事，能够深谋远虑，能够跑马拉松，能够胜任持久战。

"君子不可不抱身心之忧，亦不可不耽风月之趣。"这是明朝洪自诚的话，洪氏似乎有感于君子的严肃性正派性教训性，怕君子成为枯燥乏味、缺少生活情趣之人，提醒一下，要活泼丰富，要懂审美，要热爱生活，要活得津津有味。

同时不能忽略《论语》里的一字千钧的命题："君子不重，则不威"（《论语·学而篇第一》），一个文明人、有担当讲道德与风度的人，必须郑重、稳重、持重、懂得轻重，不能轻贱、轻佻、轻浮、轻率、轻薄、轻忽、卑下恶劣。

古人说的"君子得时如水，小人得时如火"（汉·刘向《说苑》），很有几分幽默。上善若水。清凉、明亮、虚静、谦逊、向下、柔性，是君子。而小人动辄风是风火是火，咋咋呼呼，闹闹哄哄。当然这种褒水贬火的说法也只是一面之词。大海大洋里的水要是碰上狂风暴雨、惊涛骇浪、海啸海难，绝对不比一场大火更温柔。而革命创新突破、扭转局面的君子，也必须有大声疾呼、呼风唤雨、惊天动地、扭转乾坤的胆识与力量。

我们常常将温文尔雅、温良恭俭让视为君子的特点，这样下去，又会觉得谦谦君子，缺少了勇敢坚强的阳刚之气，缺少了斗争性。在革命处于开始发动时期，更不可提倡温良恭俭让了。

"君子浩然之气，不胜其大，小人自满之气，不胜其小"（《读书录·君子小人》），明代的薛瑄这样一说，果然给力提气了，谦谦的结果是无可比拟的宏大，自吹自擂的结果是恰恰相反，这是对温良恭俭让之类的说法的一个很好的补充。

"君子量不极，胸吞百川流"（唐·孟郊《投赠张端公》），君子的度量是宽广的。"君子山岳定，小人丝毫争"（唐·孟郊《秋怀》八），君子的定力如同山岳。"慨慷丈夫志，可以曜锋铓"（唐·韩愈、孟郊《遣兴联句》，孟郊句），大丈夫的心志，光耀夺目。"君有丈夫泪，泣人不泣身"（唐·孟郊《答姚怤见寄》），大丈夫的眼泪可以为他人流，不会为自己哭。"何以报知者，永存坚与贞"（唐·孟郊《答郭郎中》），想起良友，更为坚贞。"尽美固可扬，片善亦不遗"（唐·孟郊《投所知》），对他人的点滴优异，也要重视牢记。"大贤秉高鉴，公烛无私光"（唐·孟郊《上达奚舍人》），唐朝诗人孟郊的这些诗，诗意盎然，正气浩然。史称孟郊仕历简单，清寒终生，为人耿介倔强。他的这些诗句告诉我们，正道正气、美德美誉、高风亮节、文化自信，是充满诗情画意、光明喜悦的，哪怕如果只从事功上看的话，某位君子未必谈得上多么成功。*

---

*　　《答郭郎中》

（唐）孟郊

松柏死不变，千年色青青。
志士贫更坚，守道无异营。
每弹潇湘瑟，独抱风波声。
中有失意吟，知者泪满缨。
何以报知者，永存坚与贞。

俚语谚语中的君子观

有一则古代谚语"君子报仇，十年不晚"，一般认为此语讲的是越王勾践报吴王夫差的灭国之仇，与范雎的报须贾与魏齐诬陷之仇的故事，还有人引用"赵氏孤儿"事迹，一个下一代的孤儿大报仇的故事，看来君子报仇是古色古香、源远流长、疏而不失之事。"报仇"一词仍涉嫌狭隘低端，非是君子谈吐，更近市井负气使性的小人。君子应该讲究礼义正道，辨析何为私仇私怨，何为国家民族阶级的大是大非义战。一开口，就是君子报仇，实不如说君子"不计私仇，义在是非公论"更好。

"君子一言，驷马难追"，语出《论语·颜渊篇第十二》："夫子之说君子也！驷不及舌。"一句话说出去，四匹马也追不上你舌头发出言语的速度与影响。这个话反过来说，有说话算话、说话兑现、古人叫作"重然诺"的含义，应许了、答应了的事情，都要全力办好，也是言必信、行必果的意思，虽然在其他场合，孔子、孟子都说过仅仅言信行果，仍然是忙忙碌碌的小人。不论圣人与亚圣说了什么，后人仍然多方肯定行必果的诚信，这是接受信息的人们同时在改变与消化信息的证明。"君子一言，驷马难追"，通俗生动，已经被历史与人众接受，还延伸为"一言既出，驷马难追""一言既出，如白染皂"之类的说法。

"量小非君子，无毒不丈夫"，据说原文后四字应是"无度不丈夫"，没有度量，不会权衡掂量的莽撞野蛮者当然根本不是什么大丈夫，但"度"与"小"都是仄音，读成毒，干脆写作毒，又舒服又刺激又提神又严峻，歪打正着，透露了某个角度的隐秘，就是《论语·宪问篇第十四》中所说的"君子而不仁者有矣夫，未有小人而仁者也"。君子不可能事事人人都仁爱无边，君子有力行公事的时候，有惩戒罪犯的时候，有不惧牺牲代价与敌人苦斗或完成极艰巨重大任务的时候，有顾不上仁爱温柔的时候。老子讲得更冷峻，"天地不仁，以万物为刍狗；圣人不仁，以百姓为刍狗"：天地有"大德曰生"，也有万物的衰落寂灭如刍狗的规律法则；有和风细雨、春花秋月、丰收吉祥，也有狂风暴雨、春瘟秋疫、水火无情、旱涝灾祸。（《道德经》第五章）

"君子爱财，取之有道"，出自明代的通俗教育读物《增广贤文》。承认爱财，这是从俗从众放低身段，但强调的是得财要合法合理、不可坏法乱纪，自取惩戒。对待钱财的态度要有原则，有界限，有分寸，有控制。有了合法收入的钱财，也不可奢侈浪费、炫富造孽。

"君子动口不动手"，阿Q在打不过王胡的时候说过类似的话，倒也给读者以示弱的自嘲与无奈感、讽刺感。反之，动辄动手，靠拳头逞威风，则是野蛮粗暴不得人心。

老百姓中还有"先小人后君子"的说法，其实是先订合同，明确利益分配与责任承担的分定，再讲合作与团队精神，这对于市场经济来说，是正常的。经济生活有经济生活的法则，这与道德讲求互不取代，互不相悖。经济发展不是慈善事业，慈善事业也不能照着市场收益的方向努力。

此外，社会上还有真君子、伪君子、真小人、伪小人之比较辨析，也还有趣。相对来说，真与伪的差别大于重于君子与小人的差别，是君子当然很好，您暂时不能摆脱小人成色也罢，最好不要以伪君子的面貌出现在人前人后，出现在社会群体中。大家努力靠拢与分析货真价实的君子之道、君子之风，有利于建设中国特色社会主义的精神文明，善哉！

第九章

劝学

圣王的教化之功

中华传统文化认为，三皇五帝，为中国帝王君王树立了范式，这个范式如庄子所说，叫作"内圣外王"。内圣是指他们内心的仁厚恻隐、慎终追远、慈祥简朴、悲天悯人，以及他们的一切人格、理政、处世、用人，直到日常生活方面的表现记录，对社会具有高端示范与教化作用、凝聚与吸引作用、启迪愚蒙作用、推动文明贤德作用。

内圣是圣王赢得民心与天命的依据，是得天下、一天下、成为王者、体现王道的资源与依仗。

外王是帝王的圣贤性、内圣性的落实与践行，是王者王身王格王风王道王气，普天之下，莫非王土，率土之滨，莫非王臣。圣王不是仅仅靠圣贤品德就完功的，还要靠真正的帝王的权威、权力，口含天宪，所向无敌，顺我者昌，逆我者亡。不能含糊。

外王，一般认为是指施政采用王道。内圣是修身养气，外王是施政掌权。今天理解起来，王道应该解释为不仅是仁义安抚、温文尔雅，而是掌控着帝王君王的权力，道（导）之以德，齐之以礼，同样也道（导）之以政，齐之以刑，掌握着权力、实力、威力、强力，维护尊卑长幼、治人与治于人的秩序，包括拥有与使用必要的硬实力，以求太平稳定。

为什么仅仅执政为王、发号施令、生杀予夺、国泰民安还不够呢？因为心、身、德、文化、礼义比权力还厉害，权力拥有江山，人民才是江山，权力的是否合民心性——中国古代被解释为"合道性"——合圣性、道义性，才是兴衰荣辱生灭的根本。

水能载舟，也能覆舟，得民心是得权掌权的基础，得民心是掌权的保证。要想牢牢地火热地得到民心爱戴，一个是需要帝王君王克己复礼，成为圣贤，一个是需要注重教化劝学，以文化人，以德育人，以仁义涵养人，以礼法规范人，以学而时习之、好学不厌、诲人不倦，集聚民心民力，这是中国文化、中国政权的重要特色。

注重学习，注重教化，注重修养，劝学重学为学，是中国几千年来的文化与为政传统，至今不衰。

读书是第一等好事

国人多半从儿童时期就受到过各种苦学故事的熏陶。一个是头悬梁，锥刺股：夜晚苦读，给自己拴上头发绑到房梁上，免得连夜苦读时打瞌睡低头垂头；读书读得疲倦了，用锥子扎大腿根儿，以肉体伤害的刺激驱除倦意。此说出自苏秦始败终胜、始辱终荣的奋斗成功传奇故事，有点吓人，但也传播了古人视读书为拼死拼活、为决定命运苦学苦修的血战决战态度。

还有囊萤与映雪的故事呢，夜晚苦读，古代的照明条件难以设想，靠一堆萤火虫或雪的映射（雪本身并非光源）照明，我觉得不可能操作与收效，还可能制造出深度近视与青光眼，但确有这种楷模的记录。精神可嘉，无疑义。

这不能不使人想起英国诗人、文学家艾略特的名言："人们不会受到教育，除非他们硬着头皮学会自己不感兴趣的知识。"

这还让人想起列宁反对自发论的著名断言，工人阶级只有通过灌输，才能获得社会主义思想与阶级自觉。

所以我一再提醒不要以为阅读都是悦读，当我们提倡读书时，用不着一味以喜悦趣味讨好年轻一代，比起悦读来，我们更要提倡攻读与苦读，一味悦读，说不定都在那里看手机上的抖音，只能变成白痴，而以苏秦为榜样苦读，至少有20%以上的可能，学出点玩意儿来。

还有，悦读是苦读的结果，是钻到书里去学到东西、受到启发、长了见识志气的结果，读不下来，理解不了，欣赏不了，摸不着门儿，谁的读书是喜悦的好事呢？读书与游泳一样，会游能游，击水千里，当然其乐无穷，而如果是恐水怕浪惧风呛灌抽筋沉底，游泳不但不乐，而且会成为灾难。

简单地说，有出息、有追求、有前景，视学习读书为大幸大吉；没出息、没追求、没前景，视学习读书为可厌可憎，意趣毫无。

苦学、长学、耐心学

伟大如李白，也是受了洗衣妇关于苦学的教育才变得好学，继而成才的：

> 磨针溪，在眉州象耳山下。世传李太白读书山中，未成，

弃去。过小溪，逢老媪方磨铁杵。问之，曰："欲作针。"太白感其意，还卒业。（宋·祝穆《方舆胜览·眉州·磨针溪》）

洗衣妇以研磨铁杵的行为艺术教育了李白。说是行为艺术，因为磨杵云云，与愚公移山一样，不像是某村某家某公司的实际作业活计。

有趣的是，在中国，洗衣妇或名漂母，竟然完成着为天下造就天才大人物的重大使命。韩信之成为大将军，也是靠以洗衣为生的妇人教育与救济。连虚无缥缈的庄子也讲过，一位商人购买知识产权，善用漂母洗衣妇的护肤剂，作为军需物资贡献吴王，帮助了吴王在战争中取胜，最后乃成为裂土封侯的暴发户。* 这是中国最古老的知识产权故事。中华传统文化轶事中，早有靠知识产权发迹的佳话。

---

* 宋人有善为不龟手之药者，世世以洴澼絖为事。客闻之，请买其方百金。聚族而谋曰："我世世为洴澼絖，不过数金，今一朝而鬻技百金，请与之。"客得之，以说吴王。越有难，吴王使之将。冬，与越人水战，大败越人，裂地而封之。能不龟手一也，或以封，或不免于洴澼絖，则所用之异也。

《庄子·内篇·逍遥游第一》

我们的劝学倡读传统

倡导读书，北宋掀起了高潮，这里有当时的维稳防乱的社会治理需要，但各种脍炙人口的言语，也确实说出了许多实情实话：

《神童诗》曰："天子重英豪，文章教尔曹；万般皆下品，惟有读书高。少小须勤学，文章可立身，满朝朱紫贵，尽是读书人……"

如今，当然不能苟同"唯有"读书最高，而其他是"下品"的谬论。但读书有利于你对人民的贡献，以及你的就业、提升、发展、前景、社会地位、物质收入……更有利于你的精神面貌、精神生活品质、生活趣味的提升与丰富，则是不争的事实。

宋真宗亲自撰写的《励学篇》，家喻户晓，影响巨大："富家不用买良田，书中自有千钟粟。安居不用架高楼，书中自有黄金屋。娶妻莫恨无良媒，书中自有颜如玉。出门莫恨无人随，书中车马多如簇。男儿欲遂平生志，五经勤向窗前读……"

千年后的今天，这样的诗涉嫌浅薄直露、不无粗俗乃至低俗，远不及在奉献、事业与使命上优先认同的三观。但想想这一类说法所起的作用，应该说，劝导一代又一代"儿曹"或"尔曹"好好读书，是好事。还可以曲为解释：你真读起书来了，你读了四书五经，你读了诗词歌赋，你懂了克己复礼、天下归仁、思无邪、四维五德八纲、文以载道、浩然正气、圣贤、国士、君子、人杰，自然会提高胸怀境界、水准觉悟了。取法乎上，可能只得到了中。

另外的取法乎中人群，大量"儿曹"或"尔曹"努力读书，从书里多少得到了上等的教诲与启发，理解与实行了百分之五十、四十、二十、十五，比起个个胸无点墨、粗野蛮横，也还是件好事。

清代名联，简短隽永，一以当十，令人喜悦："世间数百年旧家，无非积德；天下第一件好事，还是读书。"

我们还可以从完全另外的乃至相反的角度来思考读书在中国史、中国文化史上的作用。中国在大国（天下）的形成上，从不强调种族血缘。在中国历史上，讲究氏族血统，多半是一个诸侯国家内部权力斗争中的事，如《赵氏孤儿》这一类故事所记述的与政敌斗争时"夷（敌）九族"的疯狂。平天下则是一个文化一统的过程，这个过程中，一个地域族群，中华不中华，一统不一统，主要是看文化。中国的统一是文化的统一，即使是北方阿尔泰语系兄弟游牧民族入主中原，仍然是统一于中华文化的文统，文统矗立，中华千秋万代！

在生活中学习

都承认孔子是大教育家，七十二贤人的教育成果，傲然光耀。《论语》中讲到了孔夫子的"有教无类"主张，即教育上不分出身高低、人人都有受教育的权利与必要的主张，受到了后世直到当代的好评。

再一条是因材施教，孔子注意观察体贴每一个学徒的性格特点，交谈辅导当中各有侧重。

孔子编辑了古代典籍，叫作"游文于六经（《诗》《书》《礼》《易》《乐》《春秋》）之中，留意于仁义之际"（《汉书·艺文志·诸子略》）。他尊重传统，相信古代有很好的世道人心圣王贤士，留意于仁义则是注重生活中的仁义道德、礼节秩序，区分小人君子，推动以文化人。

《论语》中探讨书本的话有限，探讨实际生活的话语很多。

孟子荀子老子庄子列子等人的著作中，也远没有今日的博士论文里那么多的引文。《孟子》《荀子》里，引古诗多一些，求其事例，以为参考，以例为据就是了。

中国民间，尤其是士绅间，除了强调读书以外，也强调"世事洞明皆学问，人情练达即文章"，《红楼梦》里的王熙凤"办公"会客处，就悬挂着这样的对联。它似乎不无经验主义与世侩哲学的味道，但又相当务实与重要。不懂世事与人情的书呆子，饭来张口、衣来伸手的寄生虫，成事不足、坏事有余，并不足取。

与此相近，还有"处处留心皆学问"的更通俗与实用主义的说法。

陆游的诗："古人学问无遗力，少壮工夫老始成。纸上得来终觉浅，绝知此事要躬行。"（《冬夜读书示子聿》）可以看出，将实践看作认识过程中的一个重要部分、重要阶段、重要途径，在中国是有深远的历史传统的。

董其昌论画中有"读万卷书，行万里路"语。他指出只有实地接触世界才能"胸中脱去尘浊，自然丘壑内营"（明·董其昌《画旨》），更多的人从此语中得出仅仅读书赶考求得功名是不够的，还要亲力亲为，贯彻践行，扩大见闻知识，跟上所谓"世事无常"的发展变化，也很好。

在我国的人民革命中，毛泽东多次号召知识分子与工农群众相结合，并且明确指出："在中国的民主革命运动中，知识分子是首先觉悟的成分……然而知识分子如果不和工农民众相结合，则将一事无成。革命的或不革命的或反革命的知识分子的最后的分界，看其是否愿意并且实行和工农民众相结合。"

现在又有"读万卷书，不如行千里路，行千里路，不如阅人无数，阅人无数，不如名师指路。经师易得，人师难求"的成套说法为人们熟知。

王阳明则以"良知真切"四个字引领读书学习，他的四字，似乎是向内转，不注意世事人情，经世致用，处处留心，扩大见闻，但他的求良知，求真切，也是远离本本主义，远离"白发死章句"*，求真求活求情志心愿的纯净坦荡真切，求圣王、

---

* 　　《嘲鲁儒》
　　（唐）李白
鲁叟谈五经，白发死章句。
问以经济策，茫如坠烟雾。
足著远游履，首戴方山巾。
缓步从直道，未行先起尘。
秦家丞相府，不重褒衣人。
君非叔孙通，与我本殊伦。
时事且未达，归耕汶水滨。

经典、阅读、背诵、教化、践行的统一，心与口的统一，书与
人的统一，读书与做事的统一，礼义与生活的统一。

学什么与怎么学

劝导学习，提倡读书，强调好学、苦读能改变人生，能成
长上进发展，古今中外，莫不如是；学什么与怎么学，各种说
法则不尽相同。

读《论语》，得知孔子的许多恰到好处又颇有创见的名言
金句，孔子与学徒的交谈，对一些问题，也每每发出高尚而又
朴直的应答。但是没有他如何上课、如何布置检查作业、如何
考试测评的记载。

韩愈对"师道"的总结很有名，叫作"传道、授业、解
惑"。逆向推演，时代化乃至现代化一下，就是学生学习的要
点，在于去接受大道、道理、三观、思想、基本立场、基本观
点、基本方法。学生还要接受与实际生活相联系的行业、职业、
事业、产业、学业、功业的各类知识技能规则礼法。学生在人

生历练、事业经验、社会摸爬滚打、个人学习阅读修养思考当中，必然常有难题，常有困扰，常有疑惑不解，这就更需要下功夫向师长、向生活求教、提高。

培根的知识就是力量，则是另一种路数，他说的knowledge与译作中文的"知识"，都是一个含义相对宽泛的词，它们指认识、相识、相知、了解、理解与有一定关联性系统性的信息、资讯。但在晚清废除中国的旧式私塾，建立受西方模式影响的"学堂"之后，知识更多地被理解为课本性的资讯与学科系统，语词、名词、原理、公式、法则、图表、案例等，通常在学校教育中，称为智育。与智育并存的则还有德育、体育、群育、美育与劳动教育乃至某些国家的宗教神学教育。

而古圣先贤的劝学，智育、知识教育的分量似乎比现在小得多。孔子那里首先重视的是德育，是品性，是心灵，是做人。这个传统与强调道义性的社会主义思想与对社会主义的追求结合起来，与中国特色社会主义现实结合起来，对于德育的强调，对于用人要以德为先的强调，至今仍然极其重要。但学校教育中，智育在课程教堂中的分量，仍占第一，这乃是一个有趣的情状。

回溯孔子的收徒办学，反而显得很生动活泼，联系实际，不拘一格，随时调整，活学活用，属于理想型教育模式。而如今的学校教育系统，漫长艰苦，想真正摆脱升学教育的呆板，建设弘扬素质教育的实践性与创造性，还有进一步汲取孔夫子等的教育思想的必要。

活学活用的劝学教育思想

人民教育家陶行知（1891—1946）先生提出了一系列令人耳目一新的教育主张：

生活即教育……社会即学校。

行是知之始，知是行之成。

手脑双全，是创造教育的目的。

教、学、做是一件事，不是三件事。我们要在做上教，在做上学。不在做上用功夫，教固不成为教，学也不成为学。

先生不应该专教书，他的责任是教人做人；学生不应该专读书，他的责任是学习人生之道。

生活、工作、学习倘使都能自动，则教育之收效定能事半功倍。所以我们特别注意自动力之培养，使它关注于全部的生活工作学习之中。自动是自觉的行动，而不是自发的行动。自觉的行动，需要适当的培养而后才可以实现。

活的人才教育不是灌输知识，而是将开发文化宝库的钥匙，尽我们知道的交给学生。

我们要活的书，不要死的书；要真的书，不要假的书；要动的书，不要静的书；要用的书，不要读的书。总起来说，我们要以生活为中心的教学做指导，不要以文字为中心的教科书。

好的先生不是教书，不是教学生，乃是教学生学。

集体生活是儿童之自我向社会化道路发展的重要推动力；为儿童心理正常发展的必需。一个不能获得这种正常发展的儿童，可能终其身只是一个悲剧。

把自己的私德健全起来，建筑起"人格长城"来。由私德的健全，而扩大公德的效用，来为集体谋利益。

在废除私塾，兴办洋学堂、学科细化、课程加量、求知任务空前，用老子的说法是"为学日益"（《道德经》第四十八章）之后，陶行知的主张是至今仍然极重要、极具现实的针对性的，人民性、实践性、民族性俱全的教育纲领，是汲取了世界教育理论与实践经验的走向现代化的教育学说，但这也是非常古老的从孔子到王阳明一以贯之的教育方针。

陶行知等教育家有一个口诀式的说法，就是不能"死读书、读死书、读书死"，而要"活用书、用活书、用书活"。这里的死与活、负与正的关键在于教育、学习与生活的联系，书本、阅读与做，与实践的联系。

在我上小学的时候，还学过体现了陶教育思想的童谣："做做做 / 做做做 / 不会做 / 要学做 / 若会做 / 就去做 / 做不好 / 从头做 / 做得好 / 继续做……"

如今，又编写了这样的儿歌："做做做 / 不怕错 / 错了更得做 / 多做不会错 / 做做做 / ……只要用心做 / 哪里还会错……"

学习成长的三级跳

大体上，好学者的进学有三个阶段，第一阶段是初级阶段，是打牢基础的阶段。主要任务是博闻强记、积累知识、死记硬背、分门别类、系统明晰、口诀公式、倒背如流。许多学者大家都有这方面的惊人纪录，如说司马迁 7 岁时跟随祖父会客，曾经当场倒背《诗经·国风》。还有鲁迅、巴金、钱锺书背书的惊人天才故事，都有所传播称道。著名中华诗词学者叶嘉莹也主张学中华诗词如同学一门自己尚未很好地掌握的不同语言，需要大量背诵。

童年阶段的好学求知善记，能决定一生的格局与走向，对人一生的影响极大。

第二阶段是不但读书，更要明理，孔子的说法，"不愤不启，不悱不发。举一隅不以三隅反，则不复也"（《论语·述而篇第七》）。就是说，求学要发愤，要有强烈的攻读强思强记的愿望与决心，然后才能接受启蒙，开动脑筋，不仅有记忆，而且有热情、有决心、有分析、有掂量，能消化与吸收各式的教化与传授，能用自己的语言和思路表达自己的学有所得、读有所悟。求学要深求、硬钻、较劲、苦思、强攻，思考判断与面对无涯的知识智慧，如王国维所说，"昨夜西风凋碧树。独上高楼，望尽天涯路"。学问茫茫，人生惶惶，王国维说"此第一境也"。

"衣带渐宽终不悔，为伊消得人憔悴。"第二境界是苦学、较劲，找到了重点难点，进入了攻坚阶段。然后第三境界是"众里寻他千百度，蓦然回首，那人却在灯火阑珊处"。就是说能够有所发见、生发，有所了悟理解，有所心领神会、明白烛照。

举一反三，延伸思考，参照其他，比较不同的事物事件事理，放大你获得的知识见闻，落实你获得的新鲜方法理论，试验它们的功效与经验教训。

王国维所讲的三境界，在我这里，都属于第二个等级的进展，许多大家名家，大体上做到了，有的是较好地做到了，已经难能可贵。

第三个等级的飞跃则是以社会、世界、生活为大书，以古人、今人、精英、人民为师长，转以多师是吾师，独出心裁地阅读与历练现实生活大书，又从各种纸质书直至网络信息的阅读中，从课堂中，从老师的辅导指点中，从媒体的格言警句中，发现社会世界生活人民中的新的知识、新的形象、新的论点、新的光辉、新的启发、新的前景。

就是说，为学日益，不仅是会更多地"知道""记住""谈论"，更主要的是启发、是灵感、是发挥，是获得新思路、新角度，开拓新的可能性。把信仰性、思齐性、坚定性、自信性，与时代性、经世致用性、与时俱进性、创造性与创新性结合得天衣无缝。

例如马恩指出的是资本主义发育了自己的掘墓人工人阶级，要靠工人阶级推翻资产阶级专政，建设社会主义的全新的生产关系与社会制度。但是苏联共产党提出了一国建成社会主义的理论，中国共产党人提出了武装斗争、农村包围城市，建立包括民族资产阶级的统一战线革命理论。

不论多么伟大的理论，一旦成为本本，就因践行者的不同情况、不同素质、不同条件与不同才具而命运大不相同。呆木的践行者必然使理论呆板化；才子型的人物会使理论任性，而浪漫的激情者必然偏于激越。这样，理论掌握群众巍然成为物质的力量，人掌握了理论，也必然对理论发挥空前能动作用。只要将一种理论推进到实践操作实用，就必然碰到新问题，必须解决新难点，探索新思路，成就理论的、文化的、智慧的创造性转化与创新性发展。过去是这样，现在是这样，永远是这样。

从书本中发现生活的隐秘与新意、奥妙与机缘、警示与危殆，从生活中发现书本记载、叙述、论辩的例证、侧证、反证、实证、补缺和延续，在生活中有所发现、有所发明、有所调整、有所弥补，这是文化的胜利，是人民的胜利，是智慧的胜利，更是歌德名言"理论是灰色的，生活之树常青"的证明。

劝学的结果，增益的不仅是信息知识，已有的林林总总、四面八方，更是自己的思维能力、了悟能力、想象能力、纠错能力、表达切磋能力、创新能力与理论智慧实践勇气的全面提升，各种精神能力与整体精神空间的全面进益，是智商的提升，这是何等快乐美满的体验！

　　人的一生，取决于他的品性、人格、智慧、能力，也受制或受益于他的环境、机遇。而品性人格的塑造、智慧能力的成长、环境的应对、机遇的认知与利用，这一切，取决于人的学习，取决于读书上学，更取决于你能不能在生活实践中善于体察、调研、总结、思考，不断提高改善。

第十章

风度

价值与境界

现在风行显赫的"价值"一词，在中文里原只指物价，"价值连城"，说的也就是宝物的贵重值钱。马克思主义理论中，这一富有商品市场经济色彩的名词，是指凝结在商品中的社会劳动，特别是剩余价值理论，是无产阶级革命学说的一个"硬核"命题。如今，讲价值已经成为时尚，成为通用。或谓价值乃是指人类主观对客体的效益评价。一个本来很朴实、很通俗，与商品、交换、价格、价钱、货币不可分割的名词，已经越来越高峰化、热情化、伟大化乃至无往而不胜化了。

将价值作为一种原则，一种标准，一种理念乃至信仰宣扬，成为意识形态的敏感标记，成为个人、群体、社会、国家的判断标准与行事理据，则是从欧美传播来的用法。

我们已经接受与使用了这种大大扩充了与提升了的"价值"概念，我们十分强调社会主义核心价值观。我们的价值观念理论原则，已经并继续实现中国化、时代化、大众化，实现马克思主义与中国社会主义生活的实际、与中国的传统文化的结合，实现马克思主义的价值观在中国的落地生根、茁壮生长与发展。

中华传统文化中最接近现今"价值"语义，与商道风马牛不相及，同时讲得美好，富有东方文明韵味的词，应该是境界与心志。

中国的"境界"说，汲取了佛学概念，主要指精神世界的层次，指一个人的品性属于高尚正义还是邪恶卑劣，心胸属于宽裕宏伟还是狭隘窄仄，智慧属于通达明朗还是幽暗混乱，精神面貌与行事路数是渣滓、公敌、小人、庸众……还是高瞻远瞩、重任在肩的能人、君子、国士、圣贤等。

人生大境界

北宋政治家、军事家、文学家、教育家范仲淹有名言："不以物喜，不以己悲，居庙堂之高则忧其民，处江湖之远则忧其君。"并总结为"先天下之忧而忧，后天下之乐而乐"（宋·范仲淹《岳阳楼记》）。这是何等的境界，何等的气象！不因来自外物的功利而喜，不因自身的得失而悲，处于权力系统高位，要为民人的忧患疾苦而担当盘算、殚精竭虑，绝不是养尊处优、穷奢极欲、高高在上、鱼肉百姓；处于遥远的穷乡僻壤，仍然要为家国的大局而操心，及时发现艰难险阻，有所思虑，有所准备，有所担当，吃苦在前，准备在前，参与在前，贡献牺牲在前，庆功在后，荣华在后，受奖居功享福在后。

当然，这是大胸怀、大志向、高大上的境界，大眼光、大价值。

这使人想起孟子的说法："穷不失义，达不离道"（《孟子·尽心章句上》），穷困潦倒，仍然要坚守道义义理，发达得志了，也要谨慎公允、不偏不倚、仁厚礼义。

孟子又说："穷则独善其身，达则兼善天下"（《孟子·尽心章句上》），不管个人处境是艰难还是昌盛，永远不能丧失道德自律与道德责任，困难情势下，仍要洁身自好，保持干干净净的尊严；发达了，有了更多的可能为天下人做事布恩了，更不能辜负民人的期待，要做出成绩，贡献天下百姓。

范仲淹的话比孟子还多了一点悲情，多了一种终极信念，靠近了诸葛亮的"鞠躬尽瘁、死而后已"的价值认知，要追求舍己奉献，而不是一己的功名利禄，更不是只知满足私欲。

当然，境界宏大，不仅是指政治家社会活动家的抱负与人格素质，更不是只指雄才大略的帝王君王公卿大臣，一般科学、技术、文学、艺术、发明、创造、探险、航海、工匠、体育、运动、企业、金融、慈善、教育……各行各业劳模先进，凡是

意在贡献，心系人民，不计得失，精益求精的，都相对有较高
的境界、较宏大的心胸。

大处着眼，小处着手

　　曾国藩有话："大处着眼，小处着手；群居守口，独居守
心。"与范仲淹的言语思路相比较，曾国藩多了些实干家气质，
加上政要人物八面设防的周到。讲文学，他差远了，讲做事，
他了不得。他的眼、手、口、心之论，通俗浅白，却又清明绝
妙，准确实用。

　　一般地说，趋利避害、奉公守法，努力完成本职劳务的人
就是好人。但如果一个普通人不仅关注不可大意轻视的吃喝拉
撒睡、柴米油盐酱醋茶、老婆孩子热炕头，还同时能热心助人，
注意乡里公益，维护社区和睦平安；一个公务员、从政人物能
够不仅仅着眼级别升迁、官场行情，一个企业家能够不仅仅追
求利润，而是追求利国利民；一个专业知识分子能够不仅仅着
眼个人成就名利，则他们都能以人民利益为圭臬，有对于天下

与家国的担当，有对于科学与真理的执着，有对于人民与乡里的奉献，有对于人类命运共同体大局的关心与责任感，有对于天地世界宇宙的敬畏爱恋、兴味思索、掂量推敲、质疑想象……就大大高出常人一步了。

中华文化源远流长，有时也有互悖互补的一面。谈到境界，有强调高大上的一面，也有强调务实、力行、执着、见微知著的一面。

《诗经·小雅·小旻》早就提示了人物的"战战兢兢，如临深渊，如履薄冰"，当然，这是谨小慎微的精神状态。更有"黄帝居人上，惴惴如临深渊"等说法。

《韩非子·喻老》："千丈之堤，以蝼蚁之穴溃；百寻之室，以突隙之烟焚。"他说的是治国理政做事必须小心谨慎，长达千里、固若金汤的防水大堤，可能由于蝼蚁小虫啃啮或拨拉出来的小小洞穴而崩塌，巍峨壮观的厅堂，可能因为烟囱上的一条小缝隙而烧毁。

刘备给儿子刘禅的遗诏中，有两句话，特别有名："勿以恶小而为之，勿以善小而不为。"（《三国志·蜀书·先主传》）而后世的名联曰："诸葛一生唯谨慎，吕端大事不糊涂。"按，谨慎云云是诸葛亮的自我评估，"先帝知臣谨慎，故临崩寄臣以大事也"，出自诸葛名作《前出师表》。

中华传统文化喜欢寻找与使用终极性大概念，可以称之为概念造神的倾向。传统的中华高级文化人，尤其是准备出仕朝廷、光宗耀祖的读书人，少有认真谈论人格神如玉皇、门神、关老爷者，但谈起神性概念即概念神来，天、道、德、理、仁、命、易……唯恐不够高大上。而较有实践操作操盘经验的人物有其不同，他们同样重视小微低下诸人、诸事、诸情况，这个现象很耐思忖。

圣贤也是各样的

古代，中国人称社会家国天下的至高精英为圣贤，圣贤是天地日月的精华，是君子境界的巅峰顶尖，是全民的领引、导师、父母、榜样、模范、操盘、舵手、车头、引擎、威严、文明与光辉火炬。

但同时，圣贤又不是千篇一律，而是各有境遇各有特色的。《论语》《孟子》的论述都很精彩。

子曰："不降其志，不辱其身，伯夷、叔齐与！"谓："柳下惠、少连，降志辱身矣，言中伦，行中虑，其斯而已矣。"谓："虞仲、夷逸，隐居放言，身中清，废中权。我则异于是，无可无不可。"（《论语·微子篇第十八》）

孔子讲说的大意，加上笔者的发挥是：

不降低自己的心气追求，不接受改朝换代对于旧臣的轻慢与不敬不尊，不食周粟，宁可饿死于首阳山，这是早已有了口碑美誉的伯夷、叔齐的事迹。

坐怀不乱的柳下惠与少连接受了身份的降格与不快，但他们说话合乎礼义规矩，做事经过深思熟虑，不失原则、无伤大局，有大格、有底线、有分寸，也就算可以的了。

还有两位虞仲和夷逸，他们隐居村野，说话痛快，为人处世干干净净，被朝廷废弃，正是他们自己权衡选择的结果，不足为憾。

至于我孔丘本人呢，与以上六位都不一样，没有什么必须如此如此，或者绝对不可如彼如彼的死公式，我得看情况安排与实现自己的心志，可以有所调整与改变。

孔子的境遇不一样，他奔走列国，大多得不到从政掌权、实现宏大心愿理想的机会，他虽然心志理想充天地而明日月，他虽然志在克己复礼，天下归仁，一心兴灭国、继绝世、举逸民，担负着实现不灭斯文的天意的使命，却免不掉郑国人对他的形象如"丧家之狗"的评论，他只能游击，教学、传道、授业，随时调整，且行且议，走着瞧。

孟子对圣贤类型的分析似乎更用心，他说："伯夷，圣之清者也；伊尹，圣之任者也；柳下惠，圣之和者也；孔子，圣之时者也，孔子之谓集大成。集大成也者，金声而玉振之也；金声也者，始条理也；玉振之也者，终条理也；始条理者，智之事也。终条理者，圣之事也。智，譬则巧也。圣，譬则力也。由射于百步之外也：其至，尔力也；其中，非尔力也。"（《孟子·万章章句下》）

伯夷，是清高无瑕的圣人；伊尹，是担当重任的圣人；柳下惠，是和谐高雅的圣人；孔子，是与时俱进、富有时代感的圣人。

孟子强调：孔子集合了圣贤各方面的品质，叫作集其大成。什么叫大成呢？就是他做到了金声与玉振。金声是指乐曲的开端，开始得有条有理有板有眼；玉振，是指乐曲的结束，结束得同样是有条有理、有板有眼。开始，靠智者；结束，靠圣者。智者巧，圣者有力道。百步之外射箭，能射到目的，靠力量；能射中靶心，靠的是智巧。

孟子的意思是，第一，圣贤要有圣人的贤德，也要有射手的智巧。第二，有开拓性、创造性的圣人，也有总括性、完成性的圣人。第三，圣人也有个性与境遇、机缘的差别，有各不相同的特点，有自己的选择与放弃。第四，孔子是最全面最综合的圣人，有担当，也很清高，说什么做什么恰到好处，如金声之开拓定调，又如玉振之总结收官，余音袅袅，万世不绝。

很好，圣贤的模式，境界的提升，修身的完善，归仁的努力，并没有固定的格式，并不是一成不变的，也永远不会一劳永逸。时间的推移，不断地向人类、向天下、向家国，提出新的问题，提供新的可能。圣贤孔子，其最最集大成的关键在于他是圣之时者，他面对时代的课题，摸清时代的脉搏，理解发展的趋势，做出自己的答卷，留下自己的主张，指出努力的方向，创造自己的新的思想理论与精神境界。

顺便加一句，庄子就不认同伯夷叔齐的圣明清高，认为他们残生伤性，离名轻死，在这一点上，伯、叔二人甚至与盗跖一类。

当然，庄子的奇谈怪论，对传统和后世的影响相当有限。庄子的才子气、搬杠气、逆反气，太浓厚了，人们已经学会了也习惯了欣赏陶醉他的汪洋恣肆，却不接受也不甚在意他的狂妄抡砍。天才的李白，伟大的毛泽东，都喜欢引用套用出新庄子的绝妙好文，同时也不动声色地不理睬他的不肯苟同的劲头儿。

风度与容色

中华传统文化注重仁心、义理、礼行、王道、天命这些对于人、对于君子的道德教化、秩序规范的要求，同时，也注意对于人的举止、言谈、姿态、容色、气度、形象与英语里称为body language——肢体语言的修养与要求。

儒家对贵族的仪容要求是："足容重，手容恭，目容端，口容止，声容静，头容直，气容肃，立容德，色容庄。"（《礼记·玉藻》）就是说脚步稳重、垂手谦恭、目光端正、口舌掌控、发声文静、头颅竖直、神气敬肃、站立舒适、表情端庄。

孔子对风度有极简的概括："温而厉，威而不猛，恭而安。"（《论语·述而篇第七》）孔子对学生温和而又严厉，也就是说，他与人为善、仁厚耐心，同时，又是非分明、大义凛然、绝不含糊，他可不是老好人。他威严，有权威，有自信也有力度，所以有威势，但他不是意气用事，不是咋咋呼呼，他不是猛打猛撞，没有侵略性伤害性，他的威来自正当正义坚持坚强，他正正经经，规规矩矩，认认真真，他前后一贯、胸有定数、神态安详。

《论语》还讲："子之燕居，申申如也，夭夭如也。"（《论语·述而篇第七》）孔子在家闲居的时候，舒展从容，齐齐整整，精神欢愉，心情美好。闲散时候，人容易懒散，容易任性，难以免俗，有时混乱不洁，有时稀里咣啷；家居而能够做到清爽光朗，优雅健全，井井有条，从容有致，并不容易。也就是说，即使在最放松的条件下，不要对己对人对世界对生活流露出负面的姿态，添加上负面的元素来。

风度不仅在于姿态、举止、谈吐、肢体语言，还要讲究容色，即面部的表情与气色。

子夏问孝，子曰："色难。有事，弟子服其劳；有酒食，先生馔，曾是以为孝乎？"（《论语·为政篇第二》）

《论语》上这一段是孔子给弟子子夏讲"孝"，孔子说，尽孝，最难的是面容气色，是对父母的态度。有活帮着父母干，有食物尽着父母先用，这就能算孝了吗？（如果你态度不好，拉着长脸，露出不耐烦的样子，那还是孝道吗？）

这一段话生动亲切，举一反三，孝是如此，其他美德也是一样。你学道德，行仁义，做好人，示天下，必须是心悦诚服、心情愉快、自然而然、真情流露；而不是勉为其难、久而生厌、心有旁骛、支应对付，更不是口是心非、心有厌弃。讲得太好了。

年轻的一代向老一辈人尽孝，助工推食，好说，不嫌烦，不强调自己日理万机、时间宝贵，就不那么容易了。

很奇怪，现在网络上出现了"颜值"一词，迅速流行，反映了一切美好与珍重都有其值，生存、人权、民主、自由、仁义、道德，都是价值，都是可以用商道词语来表示的。而经济学的定义是：价格是价值的货币表现。价格是商品的交换价值在流通过程中所取得的转化形式。商品则是用以交换的产品。现在，长相也有价儿了。

在中文里，毕竟有一个品字。可惜的是网络知道忽悠颜值，却不那么懂得用颜品、容品、品相、品类、品质来说明值得珍贵的东西。

以食为天，吃出礼义仁德风度

《史记·郦生陆贾列传》的名言："王者以民人为天，而民人以食为天。"

孟子认为得民心者得天下。在新时代，习近平总书记指出："江山就是人民，人民就是江山"，"生活就是人民，人民就是生活"。重视人民在历史、在天下中的作用的人士，也都必然重视人民的吃饭问题。在人口众多、饥馑的记忆挥之难忘的中国，尤其是如此。

《论语·乡党篇第十》上讲孔子对于吃饭的态度与做派，给人非常深刻的印象。叫作："食不厌精，脍不厌细。食饐而餲，鱼馁而肉败，不食。色恶，不食。臭恶，不食。失饪，不食。不时，不食。割不正，不食。不得其酱，不食。肉虽多，不使胜食气。唯酒无量，不及乱。沽酒市脯不食。不撤姜食，不多食。"

就是说，食粮不嫌加工精到，鱼肉不怕做得细致。食物不新鲜了，陈旧了，味道和气味有变化了，腐臭了，不能吃。颜色、气味不对了，恶化了，不吃，没有经过良好的烹调加工，不吃。进食时间不对，不吃。切割得不合格，不吃。没有酱汁臊子佐料，不吃。肉吃得再多，不可以使它压过了食欲与消受能力。酒没有限量，但是不过分生事。不从商贩那边购买饮酒与经过加工再放的肉食。吃东西时要有姜品，但也不吃得过多。

这里我不想只从饮食卫生与合理营养方面理解孔子吃饭的规矩，虽然他的规矩符合这方面的要求。这里，更加令人注目的是孔子对于餐食的重视与讲究程度，当非偶然。吃东西，孔子也是吃出风度，吃出境界来的。

《论语》中还借古代圣王唐尧虞舜的名义讲过治国平天下的四个重点：民、食、丧、祭。一个生，一个死，民须食，丧须祭。得民心者得天下，一切都要考虑周全；圣王对生民的第一任务是让生民吃饱了，活下来。另一方面，生民死了，要埋葬与致敬祭祀好，既是慎终追远，又是凿凿实实的人生要务要义。

对于"食"的重视，归根结蒂是对于天地、人、世界、人生的重视。民以食为天，天就是最高最大最上最重要最根本的使命意识与认同意识。人离不开吃食，吃食来自天地，食物链来自天地，吃食就是天地对于生民人子，对于林林总总的生命的最大恩惠，最大慈悲，最大光明，最大幸运。设想一下，这么多这么热闹这么活泼的大千生命群体，如果食物失去了减少了不够了怎么办？谁能想得下去呢？

吃饭就是受天地人的教育，就是三观教育，就是劳动尤其是农牧业劳动教育，就是互助互爱的社会网络、社会分工合作教育，就是清洁、卫生、服务、节约、合理、规矩、责任与认真、礼敬的教育。吃饭是文化，是交际文化，营养文化，卫生医疗防治养生文化，是公关文化，家庭文化，举止风度文化，也是精神境界的文化。胡吃海喝，饕餮贪婪，是没有文化，酗酒混闹、脏话连篇是没有文化，残害珍稀动物，破坏生态，是没有文化，追奇寻异，加上迷信愚昧的吃法，与骄奢淫逸的吃法，也都是愚蠢无文化的表现。即使没有这些可憎可厌的毛病，吃得邋遢、吃得过于随意，吃饭的游击习气，也大有以孔夫子为榜样改善提升的空间。

而搞得老百姓吃不上饭，温饱问题长期得不到解决，则是君王权力系统的无能与过失、罪孽。

我们的风度

风度不是法律，不那么具体明确，不具有规定性，没有绝对一致的要领。古代的中华风度文化极有趣味，但由于多灾多难，近现代以来，国人有时确有顾不上风度的悲哀，或者叫作失态的悲哀，大意失风度，点头哈腰、缩脖咧嘴、目光闪烁、低声下气是一种，潦潦草草、歪歪扭扭、随随便便、因陋就简是一种，咋咋呼呼、大轰大嗡、吹嘘放炮、一句靠得住的话也没有，又是一种，自命不凡、大言欺世、以势压人、称王称霸……也算一种。

如今不一样了，全面小康了，举世瞩目了，最最接近于我们的振兴目标了，我们可以有更好的风度。

不卑不亢，不垂头丧气，也不一惊一咋，不媚外，也不排他，不是倒霉蛋也不是暴发户，这是一。

正常，自然，本色，不装模作样，不装腔作势，不自恋自吹，不自惭形秽，不无以自处，不自己觉得自己卑微与难受，不觉得自己怎么都不对、不成样子。大大方方，实实在在，该怎么样就怎么样，这是二。

舒舒服服，可行可止，可坐可立，可松可紧，可进可退，可忧可喜，可问可答，可动可静，可轻可重，举手投足，扬眉摇头，凝固无语，说笑沉思，变与不变，热烈清爽，在意不在意，首先是自己感到舒服了，才能让旁人觉得见到你、接触你是一件愉快的事。这是三。

可以风度翩翩，举重若轻，行云流水，春雨和风；也可以朴素坚实，如钟如松，眼里有活儿，手里有能，随时出工，随时完成。尤其是年轻人，靠的是力气和本领，靠的是活儿多活儿精，靠的是实干苦干，靠的是做事做活儿精通，用不着看人眼色，用不着嘀嘀咕咕！大方自如，这是四。

健康，这是五。人普遍地追求健康，躲避病态。绝大多数情况下，弯腰驼背、龇牙咧嘴、重心偏失、手势离奇、呻吟叹气、呆若木鸡或者乱颤乱动，还有过度的暴怒暴喜，恐惧厌恶，打嗝哮喘，上气不接下气，排气过多，咳嗽吐痰过度，都是身体不健康或心理精神不健康的表现，有失风度，不好听的说法叫作失态丢丑。

即使是病人、残疾人，如果努力以相对健康的心态把握自己的举止身姿呼吸言语，如果能表现出自己的奋斗不息，努力不止，振作自身，从善如流，争取更好，也能赢得风度的高分。

正派，这是六。尤其与他人接触的时候，不应该贼眉鼠眼，左顾右盼，东张西望，计谋连连，而应该直视对方，坦诚直率，说话时力避鬼鬼祟祟，突然降低声音，怕人听见，要时时尽量保持见得阳光、晒得麦场的光明正大风格。

文化自信，这是根本。好学深思、坦荡光明、受到过良好的教育，包括体育和美育，知道掌握自己、平衡自己、礼貌自己、文明自己、管好自己，不粗暴、不野蛮、不低级、不下流、不胡说八道、不说谎、不背后议论非议、不怨气冲天牢骚满腹、不小心眼、哼哼唧唧、噘嘴皱眉……

文化自信了必然喜欢与人交流、大大方方地交流，不认生、不紧张、不疑神疑鬼、不杵窝子，就会有好风度。

一切的文化教养与经验经历遭遇反馈，都会变成容色、眼神、笑容或者惨容、自信或者自卑，都会变成面部肌肉的分布，变成体态、四肢、风度翩翩，或者风度庄严，或者风度尴尬，或者一说话就露怯，一挥手就讨嫌，一动弹就腻歪，一显摆就丢人现眼出洋相。

反过来说，有真才实学的人有不一样的格调，谦虚谨慎的人自然亲和，懂得艺术与审美的人有姿态有模样，会跳舞也会做操的人有肢体的造型美感，有音乐细胞的人说话的声调与节奏也恰到好处。见过世面、受过教育、善于学习、与人为善的人士，给人的印象，与不择手段、偷鸡摸狗、挑拨离间、浑水摸鱼的阴暗丑类，一眼便可分辨。媚俗、媚雅、媚洋、媚官、媚富的人，羡慕嫉妒恨、少见多怪、暴发户、阴谋诡计、一无所长偏偏还愤愤不平、神神经经的人，无论穿上什么名牌，拿出什么头衔名片，仍然摆脱不了瘪三式的低下与庸俗。

显现你的健康的生命，显现你的善良与光明，显现你的文化、学养、广度与深度，显现你对于世界，对于天地，对于万物，对于生命，对于人类的仁爱与善意，至少，显示你的幽默感，你的笑容，你的心无恶意的良善吧，显现你对于真善美的靠拢追求，对于假恶丑的拒绝与距离吧。你不是唯恐天下不乱的人，你不是嘟嘟念念觉着所有的人都对不起你的人，你不是妒贤嫉能、同行是冤家、栽赃进谗、陷害他人的人，你也不是小有成绩就发昏，小小野心不断扩张，误以为自己已经多么伟大的人，你是真诚求实，热爱学习，见贤思齐，多多看到他人的长处，永远成长、永远有所自省与自纠，永远有所发现与尝试，永远知道自己的短板并希冀有所补充改进的当代君子！

微笑是重要的

想起来很有趣，改革开放的初期，广东省，尤其是深圳市，商业服务特别是宾馆酒店行业，曾经费了相当的力气提倡微笑。

有些高级场所的服务生，身上披着缎带，上书"微笑在广州"字样。还有一篇小说，描写一位新兴城市的打工妹，由于家事艰难，微笑没有合格，受到老板训诫的故事。

我曾经错误地以为，微笑一词的普及与频繁使用是五四新文化运动以后的事。而我们更熟悉的词汇是"巧笑"："巧笑倩兮，美目盼兮"，《诗经·卫风·硕人》上的这两句诗，足以扫除"颜值"云云的鄙俗气。中国的"含笑"一词也很有意趣。"忍俊不禁"的说法很中国，想忍住笑，或场合不宜于大笑，但仍然忍不住要笑的样子或声音，这里有一种幽默、快活，有一种友善，有一种乐生与喜人的情绪。至于描写仰天大笑，笑得前仰后合，如刘姥姥凑趣表演使贾府老少笑相百出，那就更令人如亲临亲见了。

中文里还有一个词，叫作"和颜悦色"，你忘记了适时微笑也不要紧，但你在正常情况下，对人民，对友朋，对师长，不可能不和颜悦色。

某种意义上，我所见到的另类带有社交、公关、外交、自赏乃至适当矜持的礼貌意义，并且常态化习惯化的微笑，更多的似乎来自西欧北美的一些知识分子和高官。

后来终于从网络上查到了战国时期楚国宋玉《登徒子好色赋·序》中的"含喜微笑，窃视流眄"，张衡《思玄赋》中的"离朱唇而微笑兮，颜的砾以遗光"，乃至宋代冯去非《喜迁莺》词中的"送望眼，但凭舷微笑，书空无语"。清朝沈复《浮生六记》中的"芸回眸微笑，便觉一缕情丝摇人魂魄"。还有柔石《二月》写的"一副慈惠的微笑，在他两颊浮动着"。

是的，英语里的微笑——smile，是一个常用的字眼，是一个被人喜欢的词。而乌兹别克作家阿依别克所著的小说里，被新疆维吾尔与乌兹别克两个民族都认为是出自本民族的诗人纳瓦依，也因自身民族语言中的微笑一词而兴奋自夸不已。其实这个词的词义更接近中文的"含笑"，它没有"微笑"的笑容那么可掬，更是一种和善与友好的常态。

这说明，微笑一词，有重要的文化含量，微笑的容色，有相当的标示作用。一位经历过人生曲折坎坷的朋友说道，在他陷入尴尬被动的社会政治处境时，同事同仁亲友们的一个微笑，曾经给了他许多温暖和信念，令他充满感恩心，念念不忘。

是的，微笑是一种善意，是一种信任，是一种敬重，是一种祝福，是文明和礼貌，是和平、和谐、和美的愿望，是和而不同的把持，是中华礼义之邦的传统。

我还想到，我的人生的前端，国家处于动荡、苦难、侵略，人为刀俎、我为鱼肉，生死搏斗、大变大乱的过程中，我们这个一贯注意崇德尚礼、君子之风、文质彬彬的古国，当真或有顾不上或失去了微笑的机遇与心绪。新中国成立70年，建党100年，新时代的物质精神生活大大发展了的同胞们终于可以恰逢其时地光明快乐、美好幸福地经常微笑起来，还有含笑、巧笑，用微笑美化容色，用巧笑沟通感情，用含笑体谅理解，用朴素自然、诚于中而形于外的中华风度来感染世界，来交友天下，美哉中华微笑，美哉中华风度！

精神成就世界

你有没有自己的精神世界

请问，你如果在单位、在家里、在友群里，碰到了一些烦恼事儿，而在这时，你翻到了一本好书，阅读起来，或者买到一张音乐会的票，进入了音乐厅，听起了交响，哪怕只是进了影院，看了一场观众评为 75 分的影片，你沉迷其中，满足其中，会不会大致上忽略了你的堵心扼腕的破事儿？

你能不能在受到误解、遭遇泼来的脏水的时候保持淡定，相信他人、坚持正道，好好地吃饭睡觉？

你能不能在连续受挫的情况下鼓励自己挺住，再挺住，然后忽然觉出这里面的幽默之处？

你能不能在尽了力、下了功夫、做好了准备、设立了各种预案的情况下，如果仍然事与愿违，那就干脆放下心思，顺其自然，承认己方确有不足，耐心等待，相信必然有新机遇、新的选择、新的场次在前？

你有没有在最艰难的情势下，突然感到了自己的暖暖的幸福？事业、健康、家庭、人缘、智力、谈吐、舆论、温饱、生活、娱乐、趣味、交际、胃口、体能……有几条失落、有几条差劲的同时，毕竟还有几条差强人意，还有几条硬是出色发光，你不自豪谁自豪？你不自信谁自信？你不幸运，谁幸运？

受到过文化的教育熏染培养浸润与引领的人，有自己的精神世界，这个精神世界里有人性人情，有道德责任，有想象追求，有敬畏崇拜，有分析理性，有选择判断，有价值原则，有爱心仁义，有感恩幸福，有惭愧反省，有使命与牺牲贡献的决心，有审美与高尚的愉悦，有智慧的发达，有文化的自信，有精神的强大力量，至少有精神的安身立命，即使牛不到哪里去，仍然是端端正正，沉沉稳稳，明明白白，高高兴兴！

人需要物质的条件、物质的脱贫小康、物质的服务安慰消费与舒适；人也需要，甚至是更需要，精神的食粮、精神的脱贫脱愚去昧去魅富裕弘扬，需要精神的扶助与提升、精神的健壮与营养、精神的平衡与拓宽深化、精神的远见与清明，需要摆脱精神的低下、狭窄、愚蠢、迷信、恶劣、卑污、贫困、空虚、枯燥、乏味。

个体生命是短暂的、有限的、相当脆弱的，常常遭遇挫折苦难的。但人的精神有它的纵横驰骋，有它对于自己前不见古人，后不见来者的一生的设想与预计，有从有涯的生活经验中生发的关于四面八方、疆域无涯的超验思维、想象、期待与爱恋，有从形而下的感知感觉中飞跃而成的形而上的终极，有水来土掩、兵来将挡的抗逆回应手段与本钱。

还有从语言文字中，从语音、语义、反义、同义、字形、概念、范畴、标点、符号、语法结构与语音的世界中推演出来的更加包罗万象，更加奇葩连连、神力无限的精神体悟，以及从音乐、造型艺术、戏剧、说唱艺术中获得的各不相同的刻骨铭心的启发与感受。文化包括了物质文明与精神文明，尤其是精神文明，这是文化的特长，是文化的最爱，是文化的优胜，是文化的相当一部分魅力所在。

爱心

什么是有文化的人呢？什么是文化的圆满和力量呢？什么是文化给人带来的幸福和美好呢？

各有各的专业、行当、本事、技巧。孔子不强调专业领域，而是专讲人的共性，人的共同期待。他讲的是自己的发愤忘食，乐以忘忧，又说自己的特色是学而不厌，诲人不倦，他的活力在于好学，在于宏大的使命感，在于事事说到做到最佳最准确。

因为他提倡仁爱，他相信仁者爱人，他相信孝悌是人的天性。《论语·学而篇第一》告诉我们，孔子的弟子有子说过："其为人也孝弟，而好犯上者，鲜矣；不好犯上，而好作乱者，未之有也。君子务本，本立而道生。孝弟也者，其为仁之本与！"

就是说孝敬父母、友爱弟兄的人，长大了到了社会上，将是良好的一员，不会犯上作乱。孝悌，正是仁爱的根本、本源，本源搞好了，孝悌的美德也就生发巩固，好人好心好事也就成规模成气候地出现与形成了。

用今天的话语讲，就是爱心。欧美的爱的渲染，常常带有本我的需求，他们求爱的时候说着我爱你——I love you 的同时，还要说 I need you——我需要你。当然欧美还有宗教的博爱，另有其含义。

而中国仁爱则把爱的本能充分感恩化仁义化道德化，一夜夫妻百日恩，这个说法是多么中国，多么传统啊。它有它的特色与道理。如果仅仅是男女的以性爱为基础的爱情，难免有各种难以持久的变数出现，难免会过于感官化与内分泌化；而如果加上感恩的道德意识，与子偕老的稳定性与坚决性坚持性，一切就大不相同了。

是的，没有爱情的婚姻是不道德的。同样，没有道德的爱情，是根本靠不住的，可能是低下于企鹅、天鹅、长臂猿、信天翁，直至狼等动物的雌雄相依相爱的。

　　你活在世界上，爱父母，爱兄弟姐妹，爱邻居乡亲，爱家国天下人民，尤其是爱你的配偶，你的生活有一种幸福感，有一种阳光照耀，春风化雨，你的生活不会仅仅是仇恨、仅仅是艰难、仅仅是苦楚、仅仅是折磨，你的生活会是对于美好的追求，对于爱心的投桃报李，对于困难的克服，对于恶劣的纠正。你应该爱生活，你一定会美化幸福化充实化温暖化你的时时刻刻，月月天天，你爱你的人生，珍惜你的人生，改善你的与大家的人生。哪怕有这样的愿望，你的生活质量已经提升一步了。

宗教

　　爱心加上崇拜、敬畏、依托与慰安，加上对于生命、命运、遭际、生死、死后的自我的忧虑、迷茫与大困惑，许多人、许多族群的文化走向宗教。宗教不能证明，不需要证明，也难以证伪。例如佛家所言"生、老、病、死"的焦虑，确是通向宗教的契机。

　　古老的中华在信仰问题上有自己独特的清醒、智慧、善意、中庸与适可而止。中就是准确与包容，庸就是正常与稳定。中庸在古代，就是留有余地、勿为已甚的最大公约数。中国的古圣先贤，对于民间的神鬼说与多神说，认为不必附和，也不必认真驳斥。庄子名言："六合之外，圣人存而不论；六合之内，圣人论而不议"（《庄子·内篇·齐物论第二》），不可能亲见亲闻亲历掌握第一手材料的经验性现实外的一切，只能挂起来备考；而有第一手材料的一切，也不必轻易去做价值判断和前景预判。那么，玉皇或者上帝，兔儿爷还是灶王爷的有无，不以我或他人的论证为根据，也无法由你我他查实。

老子更绝：知者不言，言者不知，信言不美，美言不信，善者不辩，辩者不善（《道德经》第五十六章、第八十一章）。智者不怎么说话，话多了不智，真实可信的话语未必好听，好听的话语未必可信。精通者不与他人争论，爱争论的人绝非精通。

中华传统文化的这种聪明，举世无双。或谓，缺少了点死磕与条分缕析的精细精神，也罢。

自然性、人文性、社会性与信仰的结合

中华文化注意的是天道、自然、天理、天命、圣王、仁义、礼法。杀身舍生，仁义，这个哲学—道义链条就是终极价值。"朝闻道，夕死可矣"，道的哲学就是终极信仰。天地、上苍、日月、正气、英烈、美誉，就是精神的上帝，概念的上苍，灵魂的顶峰、支柱与主宰，是极高极久极大与极其不朽。

中国的神是概念神、哲学神、道德神、智慧神、文化神、业绩神、行为神、规范神。儒家是不是孔教，近现代国内外争议颇多，原因是中华传统文化对于终极信仰、形而上形而下、六合内外、此岸彼岸的思路与欧洲、与印度，根本不在一条轨道上。

其实，上帝、主、玉皇、佛，也都是概念，不可随意把他们拉到具象的此岸来。就连大荒山无稽崖青埂峰的石头也是文学概念，出现在贾府，绝对成不了信仰对象，只能被受众嘲笑与怜惜，叫作"天下无能第一，古今不肖无双"的四不像人物。

共产党员的信仰则是对于马克思主义的辩证唯物主义、历史唯物主义、政治经济学，对于科学社会主义，对于无产阶级革命真理的信仰，是"砍头不要紧，只要主义真"，这种思路是可以与中华传统文化接轨的。

我们的神灭论、唯物论，也是信仰；是以无为终极，以无为根本，从无生出的有，有再成无，无再成有，生生不息。无与无穷大是数学之神、哲学之神，一个 0 是无，一个 ∞ 是终极，一个 1 是万有，互相转化，这就是世界。

以万有的物即大块即天地即客观存在为自然、为起源与归宿，而一切物又都以"无"为起源与归宿，"无"与万有互为起源与归宿。以"无为"而治作为社会治理的最高理想，以万物生于有，有生于无，无极而生太极，太极而生四象、八卦、万物的规律为发生学，以一切都有过往、生灭、变化、发展、得失、成败、循环或者螺旋为大道，好了，我们可以安身立命了。

老子的说法是："谷神不死，是谓玄牝，玄牝之门，是谓天地根。绵绵若存，用之不勤。"（《道德经》第六章）我们今天对上述言语解释发挥起来，不妨强调：大自然的生发力量是永远的，世界的母体"子宫"的生命力活力，是伟大的，世界的子宫，天地的根基，绵长恒久，永远不会衰老，不会疲累。而各种事物，就这样新生、成长、繁荣、衰老、寿终正寝。

中华传统文化对待信仰特别是对待宗教的态度与思路是庄重、辩证、清醒而又极其合情合理的。合情合理，避免钻牛角尖，避免殊死的绝对对立，这是我们的文化传统的一个特色，一个有效好使的亮点。

趣味爱好

文化中的一个高端是信仰，一个通俗普及的大数据，是趣味与爱好。

贪色是爱好，好奇也是爱好，窥密是爱好，读书、旅行、交友、吃喝玩乐、吹拉弹唱、收藏淘宝、炫富炫技炫洋炫学炫智炫级别待遇、时髦打扮、博弈赌财、探险赏景、求学求知、争权夺利、建功立业、乾坤再造、发明创造、好勇斗狠、圈粉造势、雕虫小技、奇葩怪癖，高低贵贱、泰山鸿毛，都能成为爱好，都能成为趣味，都能上瘾成癖。

多有点爱好好，多培养点趣味好，趣味中多一些文化含量好，越能自得其乐越好。人生不满百，宜得千种趣。养生不养趣，长生长无趣。无趣空疾疾，此生仅趋利。无趣却贪利，万利空局促。局促挤人心，活人而尸位。有妻而无趣，有夫而无味，有生而无灵，有命而无意，有钱而无文，有名无实际。生命日喘气，喘来又喘去，拙拙无生息，呆呆无灵气。劝君多本事，劝君求学识，学识如海洋，潮落又潮起。有文又有技，有才又有艺，百态复千姿，有说又有义，谈笑永风生，故事尽唏嘘，筋斗满场翻，舞姿满场艺。一鸣即惊天，一唱即动地，一语天放晴，一笑增和气。

趣味的丰富，爱好的宽阔，靠的是文化的滋养，知识的丰富，热爱学习并善于学习，学习书本、学习活人、学习生活、学习社会。然后方有人的偌大的精神世界，精神活力，精神中用，精神无敌。善于学习的人，得到了文化滋养的人有不止一个世界，这个世界里有信仰与追求，有知识和技能，有道德与正义，有爱好与兴趣，有专业与通识，有本行与业余，有热爱与冷静，有快乐与忧愁，有担当与智慧，有牺牲与贡献，也有立于不败之地的足够的准备与聪明，能知（智）也能愚，能进也能退，能言也能"何言哉"兮。

你是大人物，高级别人物，但你也有自己的特长，你有道也有术，有德也有器，有器识也有文艺，有特技绝活也有大局把握，你有志于高大上，像孔子那样使命在于不丧斯文周礼，你也可以孔子一样地"少也贱……多能鄙事"（《论语·子罕篇第九》），鄙事应指日常生活中的技巧常事。你能谈经论道，也能暮春时日，与青少年友人一起春游，沂水游泳，雩台吹风，享受春天与少年青春之喜。

你应该活得有里有面儿，有德有功，有来道去（趣），有紧迫也有轻松，能上能下，能官能民，赢得起也输得起，湖南人的说法是呷得苦，耐得烦，输得起，霸得蛮。精神上、气度上、心理上，永远保持自信、保持追求、保持学习学习再学习，成长到老死，保持进退调整上下的空间，永远不怕困难不怕陷阱，不怕新科技不怕老麻烦，"人无媚骨何嫌瘦，家有诗书不算穷"（马识途），"能受天磨真铁汉，不遭人嫉是庸才"（左宗棠）。

失败母亲颂

西谚"失败是成功之母"。苏联当年的文献中常常用从胜利走向胜利这样一个句子，我们也汲取了这样豪雄坚定的说法。

中国的说法是百战百胜，所向披靡，攻无不克，战无不胜。还有百折不挠、水滴石穿、绳锯木断，锲而不舍、金石可镂，愚公移山、精卫填海等。中华传统更多的是强调耐心坚持，悲情刻苦，没有过于一厢情愿地渲染胜完了还是没完没了地胜。

爱其子者敬其母，我们欢呼胜利，高唱凯歌，高高兴兴地鲜花着锦、烈火烹油。同时，我也想念念胜利是怎样尝尽失败的苦果的，还要说说，失败不是外人，失败是生育了胜利之子的母亲，失败，她有她的感人的悲壮与颂敬之曲。

有志于做一件大事、好事、大好事的人，不应该也不可能一帆风顺。一帆风顺的人娇嫩、骄傲，空话多，幻想多，书生气，小儿科；他们的耐磨损耐打击、预应预判预防能力，抗疫抗逆抗灾害能力必然欠缺薄弱。

挫折和失败教育了人、锻炼了人、成熟了人，也深刻了人。

挫折和失败给了人以反省与自察的机会，暴露了人自身的弱点毛病，使人从自恋自傲变为清醒谦逊。

挫折和失败督促人总结教训，看到自己的弱项、昏招、丢分、落难的经验与风险。即使没有大张旗鼓地宣扬，自己心里毕竟有数，毕竟明白面对与认识自己的不足的必要；从而控制自我、调整自我、圆融自我，充实与发展自我。使自己与天地同心，与历史同心，与时代同心，与人民同心，与科学文化真理理念同构。

挫折和失败锻炼你的意志，勇于继续，善于继续，勇于改进，善于改进，深入思考，广博学习，从善如流，疾恶如仇。

挫折和失败使你降低了调门，眼睛向下，从头学起，三个臭皮匠，确有时或者胜过诸葛亮，或至少可以供诸葛亮参考掂量；智者千虑，必有一失；愚者千虑，必有一得。注意团结，壮大自身。

挫折和失败是必需的成人课、成人礼，是人生的准备、人生的前期训练。十年生聚，十年教训，卧薪尝胆，九死一生，这里有多少决心，多少坚韧，多少耐性，多少担当！

失败、失败直到胜利

毛主席的说法与众不同，他不认为失败一次就能分娩胜利，他说："捣乱，失败，再捣乱，再失败，直至灭亡"，是一切反动派的逻辑，而"斗争，失败，再斗争，再失败，再斗争，直至胜利"，是人民的逻辑。毛主席的语气，透露的是一次失败可能并不是胜利的生母，而是胜利的一连串老祖母，然后曾祖母、祖母，最后才是生母。

当初学习这一段语录时我常常犯糊涂，怎么反动派是失败又失败，最后就"灭亡"了，人民也同样是失败再失败，最后就"胜利"了呢？这个说法似乎不合乎文字的平衡与对仗，也未说明人民与反动派的同一词汇"失败"之间的不同。

对此的理解我有两个飞跃，第一，实践是检验真理的标准。古今中外的战史，先败后胜的事例多了去啦。楚汉相争，刘邦就是屡败屡战、先败后胜。20世纪的苏联的卫国战争，也是斗争失败再斗争再失败直至大获全胜。现当代中国人民的革命斗争，更是斗争、失败、再斗争、再失败、再再斗争，才取得了胜利的。

第二，这里的失败与胜利，斗争与再斗争，不是一个数量的关系，而是一个数序的关系。中国20世纪30年代的第二次国内革命战争，中国共产党在白区的力量遭受巨大损失，红区的革命力量也几乎损失得所剩无几，从数量比例上来说，也许你能做出党领导的人民革命业已惨败的判断，但接着的是遵义会议，是延安与革命根据地，是抗日战争中革命力量的壮大，是解放战争中《目前形势和我们的任务》，中国革命取得了震撼世界、改变中国与人类命运的胜利。

这个从失败到胜利的过程，极接近于科学研究与发明创造的过程，爱迪生也好，居里夫人也好，他们的课题在没有取得最后胜利前，一次次实验与结果计算也许是一连串失败，然而胜利在向他们、向人类历史招手。

你生下来，活下来，是为了胜利、为了贡献、为了成长和成就；不是为了"内卷""躺平"、失败和一败涂地。所有的失败应该通向改进与成功，即使此生的成长成就有限，也可以甘为人梯，把接力棒传下去。生命是温暖的，是活跃的，是有着一个又一个前景的，是值得我们去奋斗去争取，去努力的。

活力、节奏、平衡、全面发展

一个人的精神世界里应该有活力。活力就是珍惜生活，担当责任，追求目标，攻坚克难，兴致勃勃，有所成就。其乐无穷。

生命充满了欲望，文化对欲望有掌控，有修理，有升华，有美化，有调整，有满足开心，有山重水复疑无路，柳暗花明又一村。文化的灵魂是生活，是生活质量，是活得更美好，更圆满，更高雅，更真实，更道德，更充实丰富，更快乐健康。

更有实干，叫作"劳我以生"。世界上最可耻、最卑劣的恶德就是懒惰与寄生，就是以剥削与压迫成就自身的无耻享受。活力来自心志。有所追求，有所责任，有可取与可能的大志，向善、向上、向前、向好，不灰心、不怨天尤人、不矫揉造作、不悲观失望；叫作不负此生，叫作不白走这一遭，不白活这一趟。而现在所谓的"躺平"，就是逆天、反人类、糟蹋地球和人类，就是无耻无能无赖无生气。

至少要充满兴趣，好奇、跃跃欲试、随时接招，接受各类挑战，喜欢学学，愿意练练，不妨玩玩，玩也要玩出智慧、玩出境界、玩出新意；比如围棋，比如歌唱，比如起舞，比如赛球，比如吟诗作画，比如奥林匹克，奥林匹克是"games"——游戏呀，玩出来多少名堂！积累了多少文化！

至少要拒绝对人生的敌对与糟蹋，包括黄赌毒，还要对应人生的下沉，例如醉生梦死。也绝对不能轻易败给老病残死，要努力活好到你的最后一日。活到老、学到老、成长到老、做有益的事到老、好奇求新到老、健身到老、适当玩到老，不知老之将至，更不信老之已至，没死就是没老。

休息之所以需要与美好，是与劳动共存的，没有劳动只有休息，一般不是享受而是空虚黑洞。

这就牵扯到了节奏与平衡，勤劳的人才会享受美满的休息，懒惰者只能堕落绝望于无所事事的空虚。理性、从容、自信的人才会享受辛劳与休息的最佳节奏，才懂得阴阳五行的古代中华哲学的要义，追求、安排、和谐互动，相生相济，获得美好、合理的共处与节奏。

人们终会懂得辛苦是付出也是健身健心锻炼刚强的大者，衰老的另一面是成长，是丰收，是小结，是生命的益入佳境，是生命的渐渐缓缓辉煌完成，是鸣礼炮，洒泪而忆，含笑而别。衰老也要做最可能多的好事，要学习，要思想，要说话，要聆听，踏踏实实地学，踏踏实实地做，踏踏实实地想，踏踏实实地休息与游戏。学习有理，做事有理，读书明理，总结事理，趣味有理，游戏有理。结束告别，也极尽其力、其利、其理、其礼。

病是提醒，病是挑战，病是黄牌，病是激活，激活免疫力，激活适应与调整的巧妙，激活进一步健康化的生活方式的寻觅与安置，激活自我，驱逐一切不健康的生活陋习因素。

马克思主义主张人的全面发展，批判资本主义造成的人的畸形与单面片面，孔子的君子不器说也包含了全局发展、不要囿于一角的含义。我们要更加重视通识教育（传统说法是通才教育）。目前条件下某些人的唯官唯级，某些人的拜金主义，某些人的虚伪投机，某些人的黑心作恶，毁坏着社会，也毁坏了自己的一生。

　　平衡和谐，不是靠吃瓜旁观、袖手躲避、隐瞒真心、敷衍对付……所能做到的。平衡和谐靠的是该争必争，能调整则调整，该怼必怼，可忽略则忽略，明明白白，无为而无不为。

　　平衡和谐还需要适当的中庸之道，准确正常，留有余地之道，孔子讲的过犹不及的道理，传统文化对于物极必反与毋为已甚的格言，关于制怒的警示，也提醒着我们善于把握自己。

　　节奏扩大一下，就是纵向平衡。三十年河东，三十年河西，这是大平衡。孔尚任《桃花扇》中所写"俺曾见，金陵玉殿莺啼晓，秦淮水榭花开早，谁知道容易冰消！眼看他起朱楼，眼看他宴宾客，眼看他楼塌了……将五十年兴亡看饱"*，让人联想到百年千载的兴亡，是更宏观的动态平衡。"别看今天闹得欢，小心秋后拉清单"，是影片《小兵张嘎》里关于善恶报应的严重警告。在时间的纵向平衡与制约中，力争准确与正常，力争

---

　　*　俺曾见金陵玉殿莺啼晓，秦淮水榭花开早，谁知道容易冰消！眼看他起朱楼，眼看他宴宾客，眼看他楼塌了！这青苔碧瓦堆，俺曾睡风流觉，将五十年兴亡看饱。那乌衣巷不姓王，莫愁湖鬼夜哭，凤凰台栖枭鸟。残山梦最真，旧境丢难掉，不信这舆图换稿！诌一套《哀江南》，放悲声唱到老。

　　　　　　　　　　　　　　　　（清）孔尚任《桃花扇·余韵》

更加宽裕的选择与改善的空间，保持大大方方的正道与明德，有益于自身的一生，有利于世道人心，有利于阴阳和谐、五行平衡与运转的活性，不能稍懈。

还有专与精的和谐平衡。有所追求，有所坚持，不怕牺牲与困苦，当然，也不怕必要的调整变易，庄子的说法是与时俱化。所以，精神世界，一心所求，有奋斗的空间，有修改的空间，有转战的空间，有从战略到十八般武艺的使用空间。

伟大的人才是专家，也是通才，是一以贯之的圣贤，也是游刃有余的大师，是不怕挫折的干将，也是胜任愉快的能手，能进能退，能高能低，能显能隐；圣之任者，圣之和者，圣之时者，即使像孔子那样"丧家狗"[*]般在俗人眼中尴尬狼狈了，仍然高风亮节，恰到好处，千古流芳，立于不败之地。

_*　孔子适郑，与弟子相失，孔子独立郭东门。郑人或谓子贡曰："东门有人，其颡似尧，其项类皋陶，其肩类子产，然自腰以下不及禹三寸，累累若丧家之狗。"子贡以实告孔子。孔子欣然笑曰："形状，末也。而谓似丧家之狗，然哉！然哉！"

《史记·孔子世家》

文化人生的黄金法则

第一是学习法则，学习就是增强实力、本事说话、反求诸己、八面来风、出活儿出彩、阳光普照。学习才能成就，学习才能立住，学习得好，不怕不巧碰上的小人使坏。

顺境时抓住机遇，走向高端、精彩。逆境时学会基础根本，根深叶茂。大逆境是博士后的特异培育，是圣贤教育。普通环境则更需要发愤忘食、乐以忘忧的好学精神。

人生是自学所造就的。人的最重要的老师是明显成长了、更加渴求成长的自己。

学习没有学够了的时候，成长永远没有长成的时候，智慧永远没有万能的时候，心志永远没有得意扬扬的那一天。

第二是辩证法则，一个是物极必反，向自身的对立面转化，一个是相反相成，没有对立面反面，就没有人生没有家国，没有君臣父子夫妻师徒，没有相反相成就没有相辅相成，而没有任何相辅合力，也就没有真正的成果。冬至春不远，苦难育英才，一帆风顺险，万般无奈嗨。苦难迎祥瑞，运转机遇来。

因此，不要怕挑战，不要怕坏人，不要怕失败，不要怕含冤。有了这些了，也就快到你振作发光的时刻了。

第三是快乐法则。如今，快乐是你的使命，你的义务，你的人生底色，你的质量保证，你的生命保障。任何情况下，你能快快乐乐地一天天一年年过着，已经有"长胜小卒"的架势了。

快乐的保证是劳动，是匠心，是创造性，没有哪位能毁坏能夺走。劳动的快乐最充实，匠心的快乐才自信，创造性的快乐就是善于创造新产品的快乐，也是对快乐的创造，无法否定，不怕恶意对手。

创造的快乐超出了从来没有过这种快乐的人的智商情商与道义自觉。

不论遇到什么样的挑战，哪怕是误解，坚持以明朗对待幽暗，以学知对待愚昧，以和善对待邪恶，以诚实对待狡诈，也就是以光明的喜悦对待与对比阴沉冷酷的咬牙切齿与向隅而泣。

第四是健康法则。健康就是拒绝一切的不健康。健康就是正常的自律，正常的方式，正常的心理，正常的节奏，正常的判断，正常的推理；不信邪，不装相，靠实事求是吃饭。健康尤其是不能小人得志、忘乎所以、吹牛夸张、挥霍糟践、奢靡浪费、面子排场、气势汹汹、丢人现眼，终遭现世恶报。

拒绝急躁，该急反缓；该来早晚会来，暂时没来先做点别的，至少可以读书读报，唱歌游泳，长知识扩心胸。时间表不可能都是你订你定，任何时间表都难不住真正的必有作为的本领。

第五是友善法则，宁可教人负我，我不愿负一个人，除非他实在太坏。在个人生活中，宁可犯了东郭先生的仁慈反被仁慈误的错失，不能当恩将仇报的中山狼。宁可当农夫，不当《伊索寓言》中的毒蛇。今日生活中，被毒蛇恶狼一口咬死的几率毕竟越来越低，而恶人恶相恶报恶因恶果的可能性越来越大越多。

第六是求实法则。不怕实低于名，只怕名高实怂。不怕被冷落埋没，只怕你沾了一时浮名起哄浅声薄誉的光，消费了人家的光芒，却并无像样的货色。不怕小有寂寥，只怕夤缘时会你混了个人模狗样儿，其实要嘛没嘛，却硬是有一批乳臭未干的"粉丝"围绕着你，成事不足，坏事有余，早晚请君入瓮，是你扑通一声，正好掉到茅屎坑儿里。

第七是远见法则，今天如此如是，明天呢？明天的明天呢？明天总会有明天的可能；要有几个预案，要有几个预知预学预应，学问越大，经验越多，准备得越充分，你就越有把握，总不会活人把自己憋死，只认一棵树上吊死。

人生的诸方面多了去了，有新老，有亲疏，有真伪，有起伏，有战略，有策略，有得失，有胜负，有正邪，有善恶，你永远不能全知道，全知道了再慢慢腾腾活下去就多余了。有知有不知，有准有不准，有经验有教训，有考验有担当，有问题就有答案。把握真才实学，遍问方方面面，思考请教，冲锋陷阵，闪转腾挪，静动合宜，进退有致，人生就是文化，人生就是道义，人生就是学问，人生就是艺术，人生也要科技；人生如歌、如画、如短兵相接，如大海里捞针；如在舞台，如在竞技场上，哈哈，其乐无穷，奥妙无穷，可能性无穷，对我们的期待与吸引、戏弄、教诲无穷；问也无穷，答也无穷，知也无穷，迷也无穷，喜了无穷，悔也无穷。活一辈子干什么，就是让你活好、干好、学好、留下好好。活的要义正是好好地活，绝对不是糟烂地活，二五眼地活，半死不活地活，狗苟蝇营、天怒人怨、人人为你嗟叹地活。让我们掌握更多更好的人生文化，让文化使我们生活得更圆满一些吧。

跋

中华文化的一个重要特点是面向万有，溯本求源，它对于天地人生这样的原生概念、终极概念、根基概念，同时又是实存的、此岸的、非六合之外的高、大、上、深、恒久、精微的概念给予关注与体贴，并从中力求获得生活实践、修齐治平、选择取舍、日常起居举止的启示、教训、境界、品性、智慧。

在分别做了孔、孟、老庄、列子、荀子的读解漫议与联系现实的尝试写作以后，本书是2018年以来所记录的一些从新角度谈中华传统文化、传统观念、传统逻辑的认知与感悟，从文化来自天地与人的生活，而又优化与引领着生活，还有对于生活的作用是文化的有效性衡量标准说起，强调中华传统文化的根本追求是自然与人文的统一，文化与生活的统一，天地与人生的统一（天人合一），哲学、政治与道德的统一，天道与人性的统一。

这里，强调的是生活与存在的主体性、本体性。书中探讨了以中国古代圣贤学人为主的诸多观点，兼及全世界近现代一些学者、领导人对于天地人生等问题的理解，强调了中华文化的源远流长，古今中外文化的群星灿烂，并及于不同文化的可取可敬与发展的空间。

五千年来，中华文化关注着与引领着人生诸事，回答着各种人生挑战，在生死、天地、天人、命运、仁义、美德、权力、治理、礼法、软硬实力、王道、无为、修身、君子、劝学、修养、境界、风度、理想、信仰、家国等等方面，为人生提供纲领与方向、参照与应对的路线图；随后又回到生活之道、人生之道、生死之道、社会之道、优化之道上来，有所砥砺，有所振作，有所淡定，有所自信，有转变与创新的必要与空间。

我的目的主要不在于解读古典与传统，那并不是我的行当，而是学习、参考、引证中华传统文化的天地人生之宏论，讨论解答政治生活、家国生活、文化生活直至生老病死、吃喝拉撒睡、柴米油盐酱醋茶的生活课题。

我的认知是，典籍再伟大，也来自生活实践。出自其时的现实生活、生活实践的需要，它们是活人的活见识。在伟大的典籍中，我看到了中华民族的兴衰发展、曲折前进，人们的有时艰难困苦，有时跌跌撞撞，有时被置之死地而后生，有时则逢凶化吉、化险为夷、光辉灿烂、如有天助。

再就是，我追求的是以古谈今，以中谈外、联系外，以传统帮助理解当今，帮助创造未来，以传统文化来理解与做好中国特色社会主义现代化。

在此书里，以天地人为源头，以人的生活为本体、本事，以文化为汹涌奔腾的巨流。天道、天地，是启动，是根据，是师法；生活是标的，文化是美矢飞矢，瞄准向生活现实。生活来自天地大千世界，文化是大千经验、大千学问、大千智慧。生活与文化互动、互听、互问、互答，互相规范、互相解救、互相促进。

归根结蒂，这是一本努力让文化回到生活的书，让古代与现代化尽可能接轨的书，让天地境界、人生哲学、生活之路、处世哲学……受用文化滋养的书；是让高大上的人物与文化与各种不同的人们贴近的书。天地、人生、世界—文化—生活，这就是本书的逻辑。

参考文献

[1] 余冠英. 诗经选 [M]. 北京：人民文学出版社，1982.

[2] 黄怀信. 尚书注训 [M]. 济南：齐鲁书社，2002.

[3] 黄寿祺，张善文. 周易译注 [M]. 北京：中华书局，2018.

[4] 杨伯峻. 春秋左传注 [M]. 北京：中华书局，2018.

[5] 杨伯峻. 论语译注 [M]. 北京：中华书局，2009.

[6] 杨伯峻. 孟子译注 [M]. 北京：中华书局，2010.

[7] 朱熹. 四书章句集注 [M]. 北京：中华书局，2016.

[8] 李学勤. 十三经注疏（标点本）[M]. 北京大学出版社，1991.

[9] 任继愈. 老子新译 [M]. 上海古籍出版社，1985.

[10] 王弼. 老子道德经注 [M]. 楼宇烈，校释. 北京：中华书局，2011.

[11] 陈鼓应. 老子今注今译 [M]. 北京：商务印书馆，2003.

[12] 曹础基. 庄子浅注 [M]. 北京：中华书局，1982.

[13] 王先谦. 荀子集解 [M]. 沈啸寰、王星贤，点校. 北京：中华书局，2013.

［14］佚名. 黄帝内经［M］. 姚春鹏，译注. 北京：中华书局，
2016.

［15］司马迁. 史记［M］. 赵生群等，校点. 北京：中华书局，
2014.

［16］董仲舒. 春秋繁露［M］. 凌曙，注. 北京：中华书局，
2018.

［17］班固. 元本白虎通德论［M］. 北京：国家图书馆出版社，
2019.

［18］陈寿. 三国志［M］. 北京：中华书局，1957.

［19］陶渊明. 陶渊明集［M］. 逯钦立，校注. 北京：中华书
局，1979.

［20］陶弘景. 真诰［M］. 赵益，点校. 北京：中华书局，2019.

［21］杨伦. 杜诗镜铨［M］. 上海：上海古籍出版社，1998.

［22］钱谦益. 钱注杜诗［M］. 上海古籍出版社，2009.

［23］蘅塘退士. 唐诗三百首［M］. 陈婉俊，补注. 北京：中华
书局，1984.

［24］彭定求. 全唐诗［M］. 北京：中华书局，1960.

［25］朱刚，王水照. 苏轼诗词文选评［M］. 上海古籍出版社，
2019.

[26] 游国恩, 李易. 陆游诗选 [M]. 北京：中华书局, 2021.

[27] 黎靖德. 朱子语类 [M]. 王星贤, 点校. 北京：中华书局, 1986.

[28] 罗贯中. 三国演义 [M]. 北京：中华书局, 2010.

[29] 许仲琳. 封神演义 [M]. 北京：中华书局, 2018.

[30] 王守仁. 王阳明全集 [M]. 上海古籍出版社, 2011.

[31] 王守仁. 传习录 [M]. 陆永胜, 译注. 北京：中华书局, 2021.

[32] 佚名. 增广贤文 [M]. 李冲锋, 译注. 北京：中华书局, 2021.

[33] 曹雪芹. 红楼梦 [M]. 北京：人民文学出版社, 1996.

[34] 龚自珍. 龚自珍全集 [M]. 王佩诤, 校. 上海古籍出版社, 1999.

[35] 鲁迅. 鲁迅全集 [M]. 北京：人民文学出版社, 1981.

[36] 陶行知. 陶行知全集 [M]. 成都：四川教育出版社, 2005.

[37] 郭沫若. 女神 [M]. 北京：人民文学出版社, 2018.

[38] 冯友兰. 中国哲学简史 [M]. 北京：中华书局, 2019.

[39] 卜键. 明世宗传 [M]. 北京：人民出版社, 2013.

[40] 章必功. 天问讲稿 [M]. 北京：中华书局, 2013.

［41］ 沈祖棻. 宋词赏析 ［M］. 上海古籍出版社, 1980.

［42］ 陈美林. 元代杂剧故事 ［M］. 南京: 江苏人民出版社, 2021.

［43］ 黄仁宇. 万历十五年 ［M］. 北京: 生活·读书·新知三联书店, 2006.

［44］ 赖保荣. 道教数字词语释义 ［M］. 昆明: 云南大学出版社, 2013.

［45］ 歌德. 浮士德 ［M］. 绿原, 译. 北京: 人民文学出版社, 2015.

［46］ 列夫·托尔斯泰. 战争与和平 ［M］. 草婴, 译. 上海: 上海文艺出版社, 2007.

［47］ 列夫·托尔斯泰. 安娜·卡列尼娜 ［M］. 草婴, 译. 南京: 译林出版社, 2014.

［48］ 列夫·托尔斯泰. 复活 ［M］. 力冈, 译. 天津: 天津人民出版社, 2016.

［49］ 卢永. 马雅可夫斯基诗选 ［M］. 北京: 人民文学出版社, 1998.